教会论基础
Church Basics

认识
洗礼

约拿单·李曼　主编

鲍比·杰米森　著

Understanding Baptism

Copyright © 2016 by Robert Bruce Jamieson and 9Marks

Published by B&H Publishing Group

Nashville, Tennessee

认识洗礼

丛书编辑：约拿单·李曼（Jonathan Leeman）

作者：鲍比·杰米森（Bobby Jamieson）

翻译：张云轩

编辑：赵　然

出版：忠信福音出版社

网址：www.befaithful.net

ISBN：978-1-958708-92-7

电子书 ISBN：978-1-965805-33-6

除非特别说明，本书所有经文均引自和合本圣经。

目 录

"教会论基础"系列丛书

《认识大使命》，狄马可

《认识洗礼》，鲍比·杰米森

《认识主餐》，鲍比·杰米森

《认识会众的权柄》，约拿单·李曼

《认识教会纪律》，约拿单·李曼

《认识教会带领》，狄马可

"教会论基础"系列丛书前言

基督徒生活就是教会生活。这一来自圣经的基本信念将贯穿于"教会论基础"系列丛书的每一本书中。

这个信念反过来也会影响每本书的作者如何来处理他所写的主题。例如，《认识主餐》（*Understanding the Lord's Supper*）会表明主餐不是你和耶稣之间私人性的神秘行为。主餐是围坐在家庭饭桌旁一起吃饭，你和基督及基督的百姓在其中彼此相交。《认识大使命》（*Understanding the Great Commission*）中写到大使命不是仅仅命令个人到万邦中为耶稣作见证，而是给整个教会的命令并由整个教会来完成。《认识会众的权柄》（*Understanding the Congregation's Authority*）中观察到教会的权柄不只是在领袖身上，也在全体会众身上。每个成员——包括你——都有自己需要负的责任。

每本书都是为普通教会成员而写的，这点很重要。如果基督徒生活就是教会生活，那么你作为一个已经受洗的信徒和教会成员就有责任了解这些基本的主题。正如耶稣命令你

1

要传扬和保守他的福音信息一样，他也命令你要激励和保护他在福音里的百姓，就是教会。这些书将解释如何去做。

你就好像一位"基督福音事工公司"的股东。一个好股东该做什么呢？他们研究自己的公司、研究市场，也研究竞争机制。他们希望自己的投资利益最大化。你，作为一位基督徒，正是把你的整个生命投资在了福音中。那么，本系列丛书就能帮助你为了神荣耀福音的目的，使你所在的地方教会在本身的健康和国度事工上的利益都得到最大化。

准备好开工了吗？

约拿单·李曼（Jonathan Leeman）

丛书编辑

简 介

您好，欢迎阅读这本关于洗礼的小书。我甚至可以称之为"小册子"。或者随便怎么称呼它都可以。你要不要进来坐坐?在进入正题之前，我可以先带你四处逛逛。

但首先，让我告诉你一些关于你的事，或至少是我对你身份的期待。如果我们是面对面地交谈，我会问你一些关于你自己的问题，而不是直接告诉你答案。但我们正在以文字的方式对话，所以我只能猜测。我猜有三类人可能最想要读这本书，而且他们都是基督徒。

如果你不是基督徒，我很高兴你找到了这本书，但我会鼓励你先读一些其他关于基督教的书籍。这样的书有很多，你可以先从新约的四福音书开始读，也可以读纪格睿的《耶稣是谁?》（*Who Is Jesus?*）。我鼓励你去找一位基督徒朋友，跟他谈论圣经，聊一聊跟随耶稣意味着什么。

无论如何，我希望读这本书的第一类人是相信耶稣但尚未受洗的人。也许你确实不了解什么是洗礼。也许你了解，但你不知道你为何需要受洗。也许你想知道你的"洗礼"是否真实有效。也许你在婴儿时受洗，抑或在年幼时受洗，以至于你不知道自己的宣信是否真实。本书（册子）将探讨所有这些问题。如果你是一个尚未受洗的基督徒，我的目标是让这本书说服你接受洗礼。

我期待读这本书的第二类人是有兴趣对洗礼多一些了解的基督徒。想来这样的读者至少会有一些。你已经受洗，但你想更多地思考这个耶稣交托给他教会的命令。也许你想更好地了解如何向初信者或非信徒解释洗礼。我希望这本书能够为你所提出的问题，甚至是你没有提但却应该提的问题提供基于圣经的答案。

我期待读这本书的第三类人是教会领袖，特别是牧师。靠着神的恩典，为新信徒施洗的往往是牧者们。他们会在很大程度上影响他们教会施行洗礼的方式以及对洗礼的认识。牧师们还决定了在他们的教会里一个人是否需要受洗才能成为教会成员，这是一个争论日益激烈的问题。

我不指望你对此书中的每一个小要点都表示赞同。书中有许多议题尚未在基督徒中达成共识。尽管如此，我希望即使在那些你我可能无法达成一致的地方，你都能发现本书是带给你肢体们益处的资源。谁知道呢，也许你会被我说服！我发现，哪怕送给教会成员一些我并不赞同内中所有观点的书籍对他们也是有益处的，我会告诉他们我并不赞同这本书的所有观点，但我送给他们是为了让他们思考该书所谈论的话题。

在整本书的写作过程中，我把这三类受众都考虑在内了。我们的第一章从一个问题开始："什么是洗礼？"第二章问："谁应该受洗？"第三章基于圣经评估了婴儿洗礼这一做法。在第四章中，我论证了为什么圣经要求受洗后（即信徒受洗）才能成为教会成员。第五章探讨了几种实际上并非基督徒所说"洗礼"的情况。第六章为教会如何为信徒施洗提供了一些实际的指导。

在写这本小书之前，我写了一本篇幅更长的书，名为《公开见证：为什么受过洗才能加入教会成员》（*Going Public: Why Baptism Is Required for Church Membership*）。那本书是直接写给教会领袖们的，并将重点放在了副标题所提出的问题上。在本书的第三章，我大量借用了《公开见证》一书的内容，第五章有适度借用，在其他地方则少量借用。我感谢出版商允许我的这种借用。

谢谢你花时间阅读这本书。我祈求它可以帮助你跟随耶稣，也帮助他人跟随耶稣。

第一章

什么是洗礼？

假设你正在游泳池里蹚着水，如果这时你的一个朋友猛地把你按到水下，你会怎么做？你可以完全饶恕你的朋友——饶恕实在是基督徒的美德。你也可以如法炮制，报复他一通。你甚至可以将这次水中的冲突升级，等你的朋友出水擦干后再把他或她推回泳池。那么，你想要采取哪一种做法呢？

再考虑第二种情况：如果你的朋友偷偷走到你身后，猛地把你按到水里，然后说："现在你已经受洗了！"你会怎么做？我猜想，即使你对洗礼知之甚少，除了感到怪异之外，你还是会强烈地怀疑你的朋友说错了。你刚才并不是受洗，只不过是被按到了水里罢了。

但要怎样才能把这种浸入水中的举动变成洗礼呢？显然，首先这不该是一个令你感到惊讶的意外，其次你还需要有意识地、心甘情愿地参与进来。但有些教会不是给婴儿施洗吗？婴儿并不能对接受洗礼表达同意。对把人按到水里的人有什么要求呢？你的朋友必须是一名牧师吗？洗礼必须在教会而不是游泳池里进行吗？

洗礼是……

本章要回答的问题是："什么是洗礼？"

首先我将解释、捍卫一种基于圣经的对洗礼的理解，然后就"洗礼不是什么"这个问题给出若干简短的回应。如果你因为不确定洗礼是什么而一直推迟受洗，我希望这一章能扫除你的这种困惑，并为你顺从耶稣的命令而受洗清除路障。

那么，我们开始吧：**洗礼是教会的行动：教会将信徒浸入水中，由此来确认和展现他或她与基督的联合。洗礼也是信徒的行动：信徒公开地将自己委身于基督和他的子民，借此该信徒与教会联合，并与世界分别开来。**让我们逐词逐句地来检视一下这个定义，看看它们是如何基于圣经的。

教会的行动

洗礼是教会的行为。[①]首先留心思考：洗礼是一个人对

---

① 这一部分大量借鉴了约拿单·李曼（Jonathan Leeman）的《不要解雇你的教会成员：支持会众制的理由》（*Don't Fire Your Church Members: The Case for Congregationalism*，中文名暂译）（Nashville：B & H，2016）的第 3 章和第 4 章。

另一个人的行为。你不能给自己施洗,洗礼总是涉及到双方。双方都向对方说了一些话,也向世界说了一些话。

今天的人们倾向于认为洗礼只不过是一种人们可以选择贴在自己身上的记号,就像决定在商店买一件衬衫,然后在公共场合穿着它一样。谁施行洗礼并不太重要,就像无论哪个店员在柜台结账都一样。任何基督徒都可以在任何地方施洗,因为重点不在施洗者,而在受洗者。**你**必须决定接受洗礼,因为**你**想公开声明:"我与耶稣联合。"想想《使徒行传》8章中的腓利和埃塞俄比亚太监吧!太监想受洗。他请求腓利给他施洗,而腓利也照做了。一切都很简单,对吧?

事实上,整本新约呈现了一个更为完整的画面,而我们在《使徒行传》8章这段经文中所发现的,实际上是一个例外,不能体现出圣经中关于洗礼的原则。你不应该从《使徒行传》,而应该从《马太福音》16章和18章开始。在那里,耶稣首先把天国的钥匙交给了使徒,然后再给了地方教会。天国的钥匙是用来在地上捆绑在天上所捆绑的,在地上释放在天上所释放的。

这意味着使徒和聚集的教会(gathered churches)这两者都有权柄代表耶稣做出公开的宣告或裁决。想想法官在敲法槌时所做的。他不制订法律,也不是他让被告无罪或有罪。相反,他依据法律、检视证据,然后宣布一个公开、具有约束力的裁决。

这种代表天国做出正式声明的法官式权柄，是耶稣赐给聚集的教会而非赐给个别基督徒的。请听一听《马太福音》18章20节："因为无论在哪里，有两三个人奉我的名聚会，那里就有我在他们中间。"耶稣的这些话并非是说给小群体听的，他在他们中间的存在也不是一种神秘的体验或氛围。仔细阅读上下文，你会发现耶稣是在说，他的属天权柄属于聚集的教会。（尤其参见18-19节）教会是至少两三个人的定期聚会，他们一起为基督的名作见证。基督与这样的聚会同在，赋予他们奉他的名说话的权力。

我们需要这一切来理解《马太福音》28章大使命中的内容。首先，耶稣提醒我们，他是拥有天上地上一切权柄的那一位（18节）。接着，他授权门徒奉父、他自己和圣灵的名施洗并使人作他的门徒（19节）。然后，他要他们教导他所吩咐的一切，这在地方教会持续的教导事工中得到了成就（20节前半节）。最后，他重申在教会里有他权威性的同在："你们要记念，我常与你们同在，直到世界的末了"（20节后半节）。《马太福音》28章在很大程度上是以《马太福音》16、18章的规定和授权为背景的。耶稣没有忘记他之前所说的话，我们也不该忘记。

所以问题是：谁有施洗的权柄？任何基督徒都有吗？好吧，如果你是在宣教的前沿阵地，没有其他基督徒，那么你别无选择，就由你来施洗。既然还没有地方教会，你就**是**那个地方的教会。如果你遇到了这种情况，《使徒行传》8章为你提供了一个先例。与此同时，请记住，耶稣明确地把他有权柄的同在与教会联系了起来，即与以他的名义聚集的两三个人（或两三千人）联系了起来。因此，通常情况下，地方教会有施洗的权柄。由于洗礼是由个人施行的，所以，教会会授权给一个代表来施洗，但洗礼仍然是教会的行为。

这并不意味着教会有权柄拒绝给那些有证据表明自己已经信主的人施洗（参见徒11:17–18）。但这确实意味着，在通常的情况下，洗礼包含了教会的认同，因为做出公开声明的不仅是受洗者，还包括施洗者。施洗者在地上为天国"作公开声明"，这带我们进入到了下一点。

确认、展现信徒与基督的联合

教会在洗礼中究竟传递了什么信息？在洗礼中，教会确认一个信徒对基督的宣信。教会根据其所能察觉到的，来证明一个自称在基督的死和复活中与他联合的人确实与他联合了。教会为不可见的属灵事实盖上了一个可见、公开的印章。

信心使我们与基督联合，使我们经历他死和复活的一切益处。洗礼以一种表征的方式将此联合公之于众。细想以下的经文：

岂不知我们这受洗归入基督耶稣的人，是受洗归入他的死吗？所以我们藉着洗礼归入死，和他一同埋葬，原是叫我们一举一动有新生的样式，像基督藉着父的荣耀从死里复活一样。（罗 6:3-4）

但这因信得救的理既然来到，我们从此就不在师傅的手下了。所以，你们因信基督耶稣，都是神的儿子。你们受洗归入基督的，都是披戴基督了。（加 3:25-27）

洗礼是福音应用的一个记号，表明**此人**已经脱离了罪，且因信与基督联合了。然而，洗礼不仅确认了这一事实，同时也展现了这一事实。想一想基督受死，被埋葬，又复活。洗礼公开且生动地展现出一幅画面，即一个人联于基督的死、被埋葬与复活。一个人的肉身被埋入水中，接着从水中被拉上来。

因为洗礼展现了我们与基督的联合，所以洗礼也展现了这种联合的益处。藉着基督，我们的罪被赦免也被洁净了，而洗礼把这两者都表明了出来。彼得在五旬节对众人说："你们各人要悔改，奉耶稣基督的名受洗，叫你们的罪得赦……"（徒2:38）亚拿尼亚对刚归信的使徒保罗说："现在你为什么耽延呢？起来！求告他的名受洗，洗去你的罪。"（徒22:16）不仅如此，藉着基督，我们经历到一种被圣灵驱动的新生命，而洗礼的象征性复活（从水中起来的画面）将这种新生命表明了出来。（罗6:4；西2:11–12）在洗礼中，教会确认一个宣称信靠基督的人确实与基督联合了，同时戏剧性地展现了这种联合及其诸般的益处。

通过将他或她浸入水中

教会如何确认及展现信徒与基督的联合？通过将他或她浸入水中。英语的"洗礼"（baptism）一词所依据的希腊文是*baptizō*。这个希腊单词的意思是将某样东西浸入或投入水中，通常是完全浸没。新约圣经一贯将洗礼描述为浸没。施洗约翰"在靠近撒冷的哀嫩也施洗，因为那里水多"（约3:23），并没有迹象表明耶稣门徒的施洗需要的水更少。

此外，埃塞俄比亚的太监在与腓利一同坐车时信了基督，当时他说："看哪，这里有水！我受洗有什么妨碍呢？"（徒8:36）我们读到，"于是，他吩咐车停住，腓利和太监二人同下水里去，腓利就给他施洗。从水里上来，主的灵把腓利提了去。太监也不再见他了，就欢欢喜喜地走路。"（徒8:38–39）洗礼所需的水显然比他们车上的要多，所以他们下到水里施洗。

最后，使徒保罗把洗礼描述为表明信徒与基督一同死亡、埋葬与复活，而这似乎是以浸没为前提的。（罗6:1–

4）浸没在身体上模仿埋葬和复活的动作，戏剧化地展现了我们与基督在他里面的联合。因此，教会通过将信徒浸入水中来确认和展现信徒与基督的联合。

信徒的行动

当然，洗礼不仅是教会的行为，也是信徒的行为。教会施洗，基督徒受洗。细想那些在五旬节听到彼得讲道的人是如何回应他的信息的：

> 众人听见这话，觉得扎心，就对彼得和其余的使徒说："弟兄们，我们当怎样行？"彼得说："你们各人要悔改，奉耶稣基督的名受洗，叫你们的罪得赦，就必领受所赐的圣灵；因为这应许是给你们和你们的儿女，并一切在远方的人，就是主我们神所召来的。"……于是，领受他话的人就受了洗。那一天，门徒约添了三千人。（徒 2:37-39、41）

那些悔改并信靠耶稣的人都受了洗。受洗是接受基督为救主、为生命之主的人所做出的第一个公开行为。如果你是基督徒，耶稣吩咐你受洗。这是必须由你亲自去做的事情，没有其他人可以替代你。

当然，洗礼不是非基督徒应该做的事。洗礼确认并展现了信徒与基督的联合，所以只有那些因信与基督联合的人才应该这样做。

公开地将自己委身于基督

信徒在洗礼中做什么？公开地将自己委身于基督和他的子民。通过洗礼你作为基督徒被记录在案。这是你公开声明你对主耶稣基督的信仰和顺服的方式。

为了回应福音，我们被要求从内心到外在都转向耶稣，而外在显明了内心。洗礼是公开的，是在多名见证人面前施行的。想想那些在五旬节悔改并受洗的人。所有从人群中走出来接受洗礼的人都将自己标上了耶稣追随者的记号。

这正是耶稣想要的：每个人都能看到的追随者。"凡在人面前认我的，我在我天上的父面前也必认他。凡在人面前不认我的，我在我天上的父面前也必不认他。"（太10:32-33）耶稣没有秘密的门徒。跟随耶稣的唯一方法就是公开地这样去行，在众目睽睽之下，在每个人都可以看到你的地方。而洗礼就是我们在教会和世界面前宣告自己属于耶稣的方式。耶稣想要将一束聚光灯对准他的门徒，让世界从他们身上看到他自己的形象样式。洗礼是我们踏入那束光的途径。

如果你对公开你的信仰感到不安，请把洗礼看成是一种帮助而不是障碍。耶稣并没有让你靠胆量或创造力来思想如

15

何宣告自己是基督徒；他已经向你展示了如何去行。他让这事情变得简单。你所要做的就是公开宣告你对基督的信心，然后向后倾斜身体并屏住呼吸。

但洗礼不仅是对预备委身的一个宣告，它本身就是一种委身。彼得写到挪亚和他的家人是如何通过审判之水得救的，然后做了一个比较："这水所表明的洗礼，现在藉着耶稣基督复活也拯救你们。这洗礼本不在乎除掉肉体的污秽，只求在神面前有无亏的良心。"（彼前3:21）当彼得说洗礼"拯救你们"时，他澄清说，使人得救的不是用水清洗身体，而是洗礼所表达的信心。而驱动信心的乃是基督的复活。我们的信心本身并没有任何的力量或美德。相反，我们是凭信心得着复活的基督。

"纯善良知之誓言"（彼前3:21，吕振中译本——译注）这一短语可以被视为一种请愿、承诺或两者兼而有之。我认为两者都存在于洗礼中，即使这节经文只侧重于其中的一个方面。洗礼是一种祈求，是一种表达信心的祷告："主耶稣啊，救我！"通过在洗礼中对基督的死与复活的认同，信徒公开宣称基督是他或她的救主，请求上帝成就他拯救的应许。

洗礼是一个誓言，因为它公开承诺顺服基督，以他为主。受洗归入基督的名（太28:19）就是顺服他的权柄。洗礼是效忠君王耶稣所发的誓言。这是你公开发誓效忠于他的方式。从这个意义上来说，洗礼即是承诺顺服基督所有的吩咐。受洗就是在"凡我所吩咐你们的，＿＿＿＿都要遵守"（太28:20）这句话的横线上签字。你不能接受耶稣为救主，却不尊他为主。在洗礼中，我们担起了容易的轭，同时也背起了十字架：遵行耶稣一切的道。

洗礼是信仰公开化的起点，是我们穿上耶稣队球衣的地方。洗礼是信徒委身于基督的方式——在所有人面前，接受他作自己的救主，顺服他作自己的主。

和他的子民

在洗礼中，信徒不仅将自己委身于基督，也委身于他的子民。让我们再回想一下五旬节所发生的事："于是领受他话的人就受了洗。那一天，门徒约添了三千人"（徒2:4）这三千人"添"在了谁的身上？添到了耶路撒冷的教会身上，先前他们的人数只有120人（徒1:15）。那些在五旬节受洗的人，他们从世界中被分别出来，进入了教会。今天受洗的每一个人都是如此，或应该如此。

信靠耶稣就是加入所有信靠耶稣之人的行列。接受耶稣就是接受耶稣的子民。福音不仅使我们与神和好（弗2:1-10），也使我们彼此和好（弗2:11-22）。称神为父，就是欣然接受所有如此行的人为弟兄姊妹。与基督联合，就是成为他身体的一部分（林前12:12-26；弗1:23；西1:18；彼前2:10）。

因此，在洗礼中，信徒将自己委身于基督和他的百姓。在你穿上球队球衣的那一刻，就意味着你已经是球队中的一员。在洗礼中，你从世界中被分别出来，进入了教会。没有这样一个中间地带，在那儿你只与耶稣同在，却不与他的子民同在。与耶稣联合，就是与他的子民联合。因此，洗礼是承诺在教会中跟随基督。在洗礼中，基督徒投身于爱、服侍和顺服基督的子民。

借此该信徒与教会联合，并与世界分别开来

在履行这一承诺的过程中，教会也做出了自己的承诺。受洗表达了信徒的承诺，"我在此委身于基督和你们，即他的子民"。同时，它也表达了教会的承诺，"我们在此确认你的宣信，并接纳你成为基督身体的一员。"在洗礼中，信徒向神和教会说话，而教会则代表神向个人说话。

因此，当一个教会确认并展现信徒连于基督的画面，同时一个信徒将自己委身于基督和他的子民时，这个信徒就与教会联合，并与世界相分别。教会把信徒加到球队名单中，并授予其球衣。洗礼公开宣告某人是基督徒。在洗礼中，教会对世界说："看这里！这人属于耶稣！"并且，洗礼将某人识别为基督徒，它使这个人进入教会的行列，即基督在地上的新约子民。

我们将在第四章中更多地思考洗礼"连于教会并从世界分别"的功能。就目前而言，我们足以看出，在洗礼中，信徒不仅将自己委身于基督，而且还委身于他的子民。

洗礼不是……

让我们思考关于洗礼不是什么的两个简短回应。首先，洗礼本身并不能拯救你。请记住，在《彼得前书》3章21节，当彼得说洗礼可以拯救时，他的意思**不是**说身体的洗涤具有内在的力量，而是说洗礼表达了对基督大能复活的信心。我们因信耶稣死和复活而得救，洗礼就是这种相信公开化的开端。

圣经很清楚地表明，**因信**我们的罪被赦免、我们被神算为义、我们与神和好（罗3:21-31，4:1-8，5:1-11）。洗礼展现了所有这些事实，却从未成就它们。圣经吩咐所有的信徒都要受洗，而顺服基督的吩咐则显明我们的信心是真实的（约14:21-24；雅2:14-26；约壹2:3-6）。因此，任何基督徒都不应该以洗礼并非"得救的必要条件"为由而选择不受洗。如果你声称自己得救，洗礼便是必要的明证。然而洗礼本身并不能确保救恩。十字架上的强盗未受洗就去了天国

（路23:39-43），而行邪术的西门受过洗却走在了通往地狱的路上（徒8:13-24）。

其次，要认识到洗礼并非人的传统。这点很重要。洗礼不是教会的发明。洗礼不是我们基督徒可做、可不做的事。相反，它是来自于基督的吩咐，在任何时候对所有地方的所有信徒都有约束力。

接下来

让我们再来聊一聊把你往水里按的朋友。如果他成功地将你浸入26摄氏度加氯消过毒的温水里，他是否已为你施洗？

并没有。如果你在本章开始时对这个问题的回答只是出于直觉，那么希望现在你对洗礼有一个清晰的合乎圣经的认识。在洗礼中，耶稣给了门徒一个公开承认、宣告他们和他彼此相属的途径。他给了教会一个强有力的公开方式来确认和展现信徒连于基督。在这双重的行为中，信徒向教会委身，教会接纳信徒。洗礼是一个记号，既展现了信徒与基督的联合，又产生了一个新的、横向的联合，将信徒和教会结合在了一起。

什么是洗礼？和我一起念出来：**洗礼是教会的行动：**

教会将信徒浸入水中，由此来确认和展现他或她与基督的联合。洗礼也是信徒的行动：信徒公开地将自己委身于基督和他的子民，借此该信徒与教会联合，并与世界分别开来。这引出了下一个问题及章节：谁应该受洗？

第二章

谁应该受洗？

你认为自己是基督徒吗？如果不是，我很高兴你正在阅读这本书，但受洗不是你的当务之急。你首先需要做的是转离你的罪，信靠基督对你的救恩。

但我假定，正在读这本书的你，很可能已经宣称自己信靠基督了。如果是这样，你受洗了吗？为什么受洗或为什么不受洗呢？

本章提出这样一个问题："谁应该受洗？"答案是"每一个基督徒。"没有例外，没有特殊情况，没有如果、而且或但是。在本章中，我将阐述圣经对于洗礼的教导，探讨洗礼的一些好处，并回应对受洗的反对意见。其中一个反对的理由——某人已在婴儿时期"受洗"——值得被特别地对待，所以我花了专门的一章来探讨这个问题。

对洗礼的教导

正如我们在前一章看到的，耶稣吩咐他的门徒要使万民作他的门徒："天上地下所有的权柄都赐给我了。所以，你们要去，使万民作我的门徒，奉父、子、圣灵的名给他们施洗。"（太28:18-20）耶稣的门徒如何使人作主的门徒？首先，要向他们传讲天国的福音，正如耶稣所做的和他曾差遣门徒出去所做的那样（太4:17、23，10:5-7）。因此可以说，"使人作门徒"的教导意味着要传讲福音。通过欣然接受关于耶稣的信息，你成为耶稣的门徒。

但耶稣同时详细地说明了在这个过程中的两个步骤、两个实现"使人作门徒"的方法：耶稣的门徒要给这些新门徒施洗，并教导他们遵守耶稣一切的吩咐。

第一步：传福音。

第二步：当人们以信心回应时，就给他们施洗。

第三步：教导他们遵守耶稣所吩咐的一切。

所有成为门徒的人都要受洗。不存在"未受洗的门徒"这种情况。

洗礼是门徒必行之事，以外显的方式将自己"死去活来"的事实表明出来。因此，从耶稣的表述中可以清楚看到，洗礼实际上是"凡我所吩咐你们的"清单中的第一项。在悔改和相信之后，洗礼是跟随耶稣的人被呼召去顺服的第一条命令。作为一名全新的耶稣跟随者，洗礼是你要做的第一件事情。

因此，彼得在五旬节用同样的口吻吩咐他的听众悔改并受洗："你们各人要悔改，奉耶稣基督的名受洗，叫你们的罪得赦，就必领受所赐的圣灵。"（徒2:38）我们看到他们中的许多人就如此行了："于是，领受他话的人就受了洗。那一天，门徒约添了三千人。"（徒2:41）同样，接受福音伴随着受洗。如果你信靠耶稣，你需要做的第一件事就是在洗礼中公开地承认这一点。

这也解释了在所有新约书信中，作者们为何理所当然地假定他们所有的基督徒读者都受过洗。保罗劝说我们在罪上死了的人不可仍在罪中活着，然后问，"岂不知我们这受洗归入基督耶稣的人，是受洗归入他的死吗？"（罗6:3）保罗使加拉太人确信，他们因信基督，都是神的儿子了。然后他解释说："你们受洗归入基督的，都是披戴基督了。"（加3:27；另参见林前1:13；西2:12）唯有当所有的读者都受了洗，这些论点才有效。

如果你是一个基督徒，却未受洗，那么你就需要受洗。它不是可选的、值得推荐的、明智的或最好做一做的事。它是必须的。虽然作耶稣的门徒远远不只意味着要顺服他的命令。我们对耶稣的顺服是我们对他之爱的试金石。信靠耶稣的人就会照着他说的去做，而他告诉信靠他的人要受洗。

洗礼的两个好处

如果你声称自己相信耶稣，但还没有受洗，这条理由应该就足够了——耶稣吩咐我们受洗，所以你就这样去行吧。但如果你仍然犹豫不决，我想通过强调洗礼的两个益处来激励你顺服耶稣受洗的命令。

第一是认信会增强你的信心。洗礼就是公开宣告你属于耶稣。如果你不愿意公开宣称自己是耶稣的追随者，那么洗礼是你最需要做的事情！信仰耶稣意味着重新定义你：你的过去、现在和未来的本相是什么，你的家人是谁，你对谁有最高的忠诚。洗礼是展现和宣告所有这些现实的一种方式。

如果你试图使你的信仰处于"地下状态"，它将枯萎、死亡。身体因锻炼得以健壮，信心也是如此。洗礼便是对信心的锻炼。洗礼是信心所推动的行动，它为我们的整个信仰生活设定了轨迹。成为一名基督徒就意味着要公开这个身份。基督徒的一生是在教会的陪伴、世界注目之下的一台戏。洗礼是我们步入舞台聚光灯的方式。

第二个好处是，洗礼为传福音提供了现成的机会。许多原本不会来教会的家人和朋友都很乐意观摩洗礼。如果你们的客人不知道洗礼的意义，就用福音来解释；如果他们不明白福音，就用洗礼来形象地说明它。就像你没入水中又从水中起来，耶稣也进入死亡，又从死里得胜。而所有与基督联

合的人都与他的得胜有份，因为透过他的死与复活，我们的
罪被赦免，我们得以与神和好。

拒绝受洗的几个理由

如果你自称是基督徒，但你还没有受洗，为什么不呢？
让我们思考几个有可能拒绝受洗的理由。

**为什么我需要大张旗鼓地宣称自己是基督徒呢？信仰难
道不是个人的隐私吗？我信靠耶稣难道还不够吗？神知道我
的心。**我们已经看到，耶稣不接受私下的跟随者、秘密的门
徒："凡在人面前认我的，我在我天上的父面前也必认他；
凡在人面前不认我的，我在我天上的父面前也必不认他。"
（太10:32–33）"凡把我和我的道当作可耻的，人子在自己
的荣耀里，并天父与圣天使的荣耀里降临的时候，也要把那
人当作可耻的。"（路9:26）基督徒是公开承认信仰基督的
人。根据定义，承认是一种有他人旁听的公开行为。如果你
对公开基督徒身份感到紧张，你可以把洗礼看作是一种帮
助，而不是阻碍。受洗可以帮助你做你需要做的事：公开分
享你的信仰。

顺便对教会领袖们说一句：我认为一般来说，要求受洗
者不仅口头上承认对基督的信仰并发誓顺服他，还要求他们

分享自己个人的信主经历，这是一种健康的做法。这会使神在他们的生命中得荣耀，并使洗礼更加具有传福音的能力。但如果有人对公开演讲感到强烈恐惧，或因其他原因无法讲述自己的见证，我会建议你只需让这个人单单承认信仰并承诺顺服耶稣。就像这样：

"你是否承认相信耶稣基督是你的救主，并顺服他为主？"

"我承认。"

"你是否承诺，依靠他的恩典，一生都在他的教会里顺服耶稣？"

"我承诺。"

我成为一个信徒已经有几十年了。当时我并没有受洗，那么为什么过了这么多年，我现在需要受洗呢？我已经归信了这么久，这难道都毫无意义吗？好吧，如果当年你一信基督就受洗，当然更好。但是，当涉及顺服基督的吩咐时，晚一些绝对比没有好（太21:28-32）。而且，时间的流逝并不会削弱这个命令的约束力。当然，现在受洗意味着承认这些年来你没有受洗是错的。但这正是跟随耶稣的意义所在。当我们发现生命中的罪时，我们就要悔改并顺服。"我来本不是召义人悔改，乃是召罪人悔改。"（路5:32，重点在于"悔改"）

我不知道去哪里受洗。嗯，这是个问题！我的建议是：找到一个传讲福音、教导圣经的教会。找到一个人们认真跟随耶稣并帮助他人跟随耶稣的教会。向该教会的领袖们介绍你自己。让他们知道你是耶稣的信徒，你想受洗。并委身加入教会，在教会里服侍，也让教会帮助你成长，变得更像基督。如果你需要帮助寻找这样的教会，"九标志教会搜索"（the 9Marks church search）应该是一个很好的开始。①

我在婴儿时期就已经受洗了。洗礼是一次性的工作。一旦你受洗了，你就不需要，也不应该再次受洗。但婴儿应该受洗吗？婴儿洗真的是洗礼吗？这是我们下一章的主题。

关键

如果你因为焦虑或恐惧而推迟了洗礼，别担心。耶稣应许，当我们为他的缘故被押到法庭时，他自己的灵会透过我们说话，赐给我们当说的话（太10:19-20）。何况赐信心的圣灵，岂不更能使你有能力公开承认相信基督吗？（林前12:3）

关键是，每个基督徒都被要求接受洗礼。那你还在等什么呢？

---

① 详见 http://www.9marks.org/church-search

第三章

如何看待婴儿洗？

如何看待婴儿洗？我相信一些读到这里的人在婴儿时期就已经接受了洗礼，现在他们对这是否是真的洗礼产生了严重的怀疑。或者你可能知道有些教会实行婴儿洗，但你从来没有考虑过为什么，也没有根据圣经来评估过这种做法。

在本章中，我们将阐述婴儿洗最令人信服的神学理论基础，并基于圣经对其进行评估，然后回应婴儿洗对信而受洗立场的反对意见。

支持婴儿洗的理由

在大部分教会的历史上，至少有一部分教会为婴儿"施洗"过。这一立场被称为"婴儿洗礼"（paedobaptism）。教会这样做有不同的原因。罗马天主教徒和其他一些人认为，洗礼实际性地将救恩分给（impart）受洗者，并使他或她与基督属灵的身体结合在一起。洗礼的行为本身就有功效，因此婴儿受洗者无需用信心回应或明确表示同意来完成洗礼的工作。但这种对洗礼的理解与福音本身相抵触。使我们得救的是因信与基督联合。洗礼和主餐的仪式仅展现、确认这种联合，却不会产生这种联合。

一些路德宗信徒跟随路德的脚踪，认为受洗的婴儿实际上是有信心的。但为何如此多受婴儿洗的人却从未显示出任何信心的证据？他们的信心哪去了？

福音派中持守改革宗传统的基督徒为婴儿洗提供了最有力的论证。该论证的焦点在于神的诸约与其记号（covenant signs）之间的关系。[①]圣约是神与人自由缔结，且透过誓约来确认的关系。圣约通常带有记号。这些记号生动地描绘了圣约诸多条款和好处。神与亚伯拉罕所立的约伴随着割礼这一盟约记号。这个记号在摩西之约中继续存在（创17:1-14；利12:3）。神与亚伯拉罕立约，并指示他给所有男性后裔行割礼。神的约将亚伯拉罕的后裔含盖进来，约的记号也是如此。

改革宗基督徒强调神的救赎计划在整个历史发展中的连续性。他们正确地认定，神有一个在时间中展开的救赎

---

① 若想了解这种观点的示范性辩护，请参见傅格森（Sinclair B.Ferguson）《洗礼的三种观点》（*Baptism: Three Views*）中的"婴儿洗礼观"，由 David F.Wright 编辑（Downers Grove, IL : InterVarsity, 2009），第77-111页。

计划，所有经历这一救赎的人都归属于他唯一的真百姓。他们还主张有一个"恩典之约"，历史上全体信徒都参与其中。这约的首次表达是神在伊甸园对亚当和夏娃的应许（创3:15），并最终在基督里得以成就。他们通常认为，神与他的子民所立的每一个约都是这个恩典之约的表达或执行。

因此，改革宗的婴儿洗主张者认为，像《使徒行传》2章38至39节这样的文本表达了亚伯拉罕之约和新约的共同原则。彼得规劝他的听众悔改受洗后说："因为这应许是给你们和你们的儿女，并一切在远方的人，就是主我们神所召来的。"改革宗提倡婴儿洗的人认为，正如神将亚伯拉罕之约的应许（因此包括圣约记号）扩展到他的子民以及他们的婴孩，神也将他的新约应许（因此包括新约记号，即洗礼）扩展到了信徒和他们的孩子身上。华腓德（B. B. Warfield）这样总结支持婴儿洗的理由："神在亚伯拉罕的时代建立了他的教会，并把孩子们纳入其中。他们必须留在那里，直到神把他们赶出去。神并没有把他们赶出去。那他们就仍是他教会的成员，也有领受主餐的资格。"②

---

② B. B. Warfield, *Studies in Theology* (New York: Oxford University Press, 1932), 408.

反对婴儿洗的理由

我十分敬爱那些沿此路线主张婴儿洗的基督徒。他们中有些人是我的亲密朋友或历史上的属灵伟人。我以上所概括的推论过程显明了他们对圣经的仔细查考和对圣经的敬畏。但我不认为这一理论有说服力。有如下六个原因。

第一，婴儿洗将与基督联合的记号应用在那些未与基督联合的人身上。它割裂了记号与实质。

洗礼是信徒在基督的死、埋葬和复活中与基督联合的记号（罗6:1-4；西2:11-12）。但婴儿没有与基督联合。所有人，即便是那些由基督徒父母所生的人，都唯有以信接受基督，才能藉着圣灵与他联合。

一些在基督徒家庭中长大的孩子不记得他们有过不信耶稣的时候，但这并不意味着他们生来就相信耶稣。必须要圣灵给予他们信心，使他们悔改才行。他们必须从撒但的权势下被迁到圣子的国度里（西1:13）。他们必须从死里复活，从这个世界的王手里被解救出来，从神的忿怒中被拯救出来（弗2:1-3）。

但婴儿洗将与基督联合的记号应用在未联于基督的人身上。它将记号与它所表达的实质割裂开来。这样一来，婴儿洗就使洗礼成为了一种矛盾。洗礼是一种记号，表明福音已在某人的生命中生效，带来了饶恕、洁净、和好、重生和新的生命。但在这些事实都不存在的情况下，婴儿洗却给受洗者印上了这一记号。信徒的婴孩并不是因信联于基督，所以教会不应该给他们施洗。

第二，婴儿洗礼混淆了从基督徒父母所生与从圣灵重生。

另一个原因是，婴儿洗礼混淆了从基督徒父母所生和从圣灵重生。我不是说所有持婴儿洗立场的基督徒在脑海中都混淆了这两者；我是说他们的**做法**混淆了这两者。一个持婴儿洗立场的基督徒可能很清楚，他幼年的儿子需要信基督才能由圣灵重生。但如果让他受洗，这一行为本身就是在证明他已经重生。

《威斯敏斯特信仰告白》说洗礼的效力与施行的时间无关。换句话说，即使受洗者在多年后信了基督，婴儿的洗礼仍然有效。但问题是，记号本身就在说话。记号本身就在宣告"这人联于基督。这人与基督一同埋葬、一同复活了。这人在基督里出死入生了。"如果婴儿洗论者想要一个记号，表示未来与基督联合的可能性，他们将不得不去找洗礼以外的东西。洗礼是用现在时（present tense）在说话。

因此，婴儿洗礼实际上传达了这样的信息：新生命可以透过自然生育继承而得。这意味着信徒的幼年儿女与其他幼年孩童有着根本不同的属灵光景。当然，信徒的孩子所处的属灵环境不同于非信徒的（见后文）。但婴儿洗礼宣称，他们不仅在环境上有差异，而且他们**本身**也有差异。无论婴儿洗论者在神学上做出了怎样受欢迎的区分，但他们实际的做法混淆了从基督徒父母所生和从圣灵重生。

第三，婴儿洗错误地假定神形成他新约子民的方式与形成旧约子民的方式相同。

此外，婴儿洗至少在一个关键的方面有错误：认为神形成他新约子民的方式与他形成旧约子民的方式相同。在旧约下，神透过家族血统形成他的百姓，使他们成为一个独特的族群；在新约下，神凭着他的话语和圣灵形成他的子民，将他们从万民中呼召出来并聚集成为一个求告他名的族类。

请记住，婴儿洗论者的论点建立在洗礼和割礼之间的强烈类比之上。神吩咐亚伯拉罕给他的后代行割礼，部分原因是为了使亚伯拉罕的后代成为一个可识别的、与周围世界截然不同的民族。创建一个国家的目标随着出埃及和在西奈赐下的摩西之约而实现。摩西之约在圣经其他地方被称为"旧约"（林后3:14）。当神召以色列人出埃及时，他把他们领到自己面前，并给他们一个特殊的角色。他们要遵行他的律法，在万民中作属他的宝贵产业，作祭司的国度、圣洁的国民（出19:4–6）。

神把以色列放在世界的舞台上，向列国展示神的形象。他希望以色列行他的道，使周围的所有国家都注目观看

（申4:1-8）。他将以色列与那些国家区分开来，首先是通过割礼。以色列的所有男子都必须受割礼（创17:12），所有想要加入以色列的外邦人都必须受割礼（出12:48）。从亚伯拉罕领受呼召直到基督降生，神的百姓通过割礼与世界划清界限。

在那个时期，受割礼的以色列男丁就是神子民的一员，无论他的属灵光景是否与他受割礼的地位相符。割礼意味着奉献给神。它要求那些分别出来归与神的人过分别出来归与神的生活。这就是为什么神吩咐他的子民说："所以你们要将心里的污秽除掉，不可再硬着颈项。"（申10:16；参见耶4:4）当然，并不是每个身体上受割礼的人都心里受了割礼。事实上，正如整个以色列的故事所显示的那样，旧约下大多数神的百姓都不顺服他。他们拜偶像，行不义、不道德的事。他们的君王、首领、先知、祭司以及全体百姓都背弃耶和华，惹他发怒（耶32:30-33）。百姓的罪恶变得如此深重，以至于神最终将他的百姓逐出他们的土地，将约中的咒诅降在他们身上：先是北方的以色列，后是南方的犹大（申28:15-68；王下17:6-23，25:1-21）。

神对以色列有一个计划，一个通过他们向列国彰显他荣耀的计划。他赐给他们旧约，好叫他们顺服、繁荣，并从列国中分别出来，显明神无与伦比的智慧。但百姓的心是败坏的。律法所能带来的任何解决方案都不能解决他们罪的问题。他们有诸般的优势——律法、在圣殿里敬拜、神的荣耀居住在他们中间（罗9:4）。然而，所有这些优势最终都证明不是优势。有太多在约中的人未能守约。他们不顺服，就会受审判。

神的百姓需要的是换心手术。这正是神在新约中应许给他们的：

> 耶和华说："日子将到，我要与以色列家和犹大家另立新约。不像我拉着他们祖宗的手，领他们出埃及地的时候，与他们所立的约。我虽作他们的丈夫，他们却背了我的约。这是耶和华说的。耶和华说：那些日子以后，我与以色列家所立的约乃是这样：我要将我的律法放在他们里面，写在他们心上。我要作他们的神，他们要作我的子民。他们各人不再教导自己的邻舍和自己的弟兄说：'你该认识耶和华。'因为他们从最小的到至大的，都必认识我。我要赦免他们的罪孽，不再记念他们的罪恶。这是耶和华说的。"（耶 31:31-34）

耶和华强调说，这个约不会像他带以色列人出埃及后在西奈山与以色列人所立的约。它会有什么不同？他们不会违背这个约（32节）。

　　他们为什么不会违背这个约？因为神要把他的教导，他的**律法**放在他们里面，写在他们心上（33节）。神的律法不再处于百姓之外，不再作为一种要求与他们对峙。相反，它活化在他们里面，从里面涌出，引导他们行在神的道路上。

　　在一章之后，耶和华换了一种方式作了同样的应许。他说："我要使他们彼此同心同道，好叫他们永远敬畏我，使他们和他们后世的子孙得福乐。又要与他们立永远的约，必随着他们施恩，并不离开他们，且使他们有敬畏我的心不离开我。"（耶32:39-40）这新约是永远的，因为神自己要使他的百姓敬畏他，从而顺服他、亲近他、永远不再离开他。另一种说法是，他要使百姓的心受割礼，这是一件他们永远无法为自己做的事情（申30:6）。

　　在《以西结书》中，神以另一种方式作了同样的应许："我也要赐给你们一个新心，将新灵放在你们里面。又从你们的肉体中除掉石心，赐给你们肉心。我必将我的灵放在你们里面，使你们顺从我的律例，谨守遵行我的典章。"（结36:26-27）神要赐给百姓新心，甚至使他的灵住在他们里面。结果便是他们以前所未有的方式顺服他的旨意。律法在他们心上，一心一意，受割礼的心，肉心而非石心，神的灵在里面：所有这些都表明，在新约中，神的子民将认识神、顺服神，因为神自己要由内而外地改变他们。

还请注意，在《耶利米书》31章的新约应许中，他们不必对邻舍说"你该认识耶和华"，"因为他们从最小的到至大的，都必认识我"（34节）。神的所有子民都会认识神。我们刚才思考的在所有应许中暗示的内容，神在此明明地指出：他的所有子民都将被改变。所有在约中的人都会守约。所有被分别出来成为神百姓的人都将真正地作为神的百姓而活。这新约将最终弥合"属于约"和"守约"之间的差距。这正是它被设立的理由。

百姓背弃了神在西奈与他们立的约。而作为对他们罪的正当刑罚，他们饱经摧残，被流放他国。但在新约中，所有神的子民（不仅仅是一部分人）都将认识并侍奉神。神所有子民的罪都要得赦免（34节）。神的所有子民都将真正成为神的子民，不仅在外表，而是在内心。这正是新约新的地方，它使得新约与神藉摩西之约联于他百姓的方式有根本性的不同。（31节）

透过基督的死与复活，神现在已经设立了这新约（路22:20；来9:15）。在五旬节，神将他的灵浇灌在他百姓的身上，正如他藉众先知所应许的那样（徒2:1-41）。从那以后，他就一直在用他的话语和圣灵呼召他的新约子民归服于他。

在旧约中，神透过将亚伯拉罕的后裔分别为一支独特的民族来形成他的子民。他赐给他们割礼和他全部的律法，好叫他们迥别于世界。但不是所有在肉体上受割礼的人都在心里受了割礼。并非所有在约中的人都会守约。无论他们的属灵光景如何，神的子民都可以通过割礼来辨认。

但在新约中，神正以完全不同的方式来形成他的子民。神不再通过家族血统来壮大一个共同体。相反，通过他的灵将福音的道栽种到人们心里，神正从每个民族里呼召出新约的子民。神使他们重生，以此来形成他的新约子民。人进入神新约的唯一途径，就是藉著圣灵重生。

婴儿洗论在一个关键方面有着错误的认识。它错误地认为，神形成他新约子民的方式与形成旧约子民的方式相同：通过家族血统。婴儿洗论者将洗礼的圣约记号扩展到信徒的婴儿身上，因为他们相信婴儿也被包括在新约中。但人进入新约不是通过自然出生，而是通过属灵的重生。所有在新约里的人，他们的罪都得赦免，且认识主。所有在新约里的人都有神的律法写在他们的心里。所有在新约里的人都有神的灵住在他们里面，更新他们，使他们能够遵行神的道。为基督徒父母所生并不能保证这些新约事实对某人来说是真实的。

新约靠重生而不是靠出生来生效。因此，新约的记号应该只给予那些通过宣告信仰基督而显出重生确据的人。

第四，婴儿洗逐渐削弱教会盐和光的属性（太5:13–16）。

按着神的设计，旧约百姓是属灵上混合体。先前身体受割礼的记号并不能保证心受割礼的属灵实质。但这正是神在新约中所要改变的。根据神的设计，新约子民都是被更新的，都是被赦免的，都有圣灵的内住。

是的，不可避免的是一些非基督徒确实加入了教会。但这不是神所设计的！这就好比说一些已婚者起淫念、犯通奸罪。是的，他们这样做了，但他们不应该这样做！这也正是耶稣设立教会纪律的原因（太18:15–20）。那些不悔改的生命显明他们不是新约的成员，因此他们将被排除在新约共同体之外。耶稣如此吩咐的事实表明，与旧约下的以色列不同，教会被设计为由一群认识主的人所组成的共同体。

婴儿洗把那些未参与新约实质的人带入地上的新约共同体。它使人们在归向基督之前就加入了教会。它使那些不是基督徒的人成为教会成员。这将不可避免地削弱教会对基督的见证。将一个在婴儿时期受洗、如今持续犯罪不思悔改的19岁少年逐出教会，要比单单等待年轻人宣信基督后才给予受洗带来更大的创伤。

因此，尽管给婴儿施洗的基督徒有着美好的意图，但婴儿洗会使教会的盐失咸味、光变黯淡（太5:13–16）。随着时间的推移，婴儿洗使教会越发像世界，因为它将世界带入了教会。

第五，婴儿洗消除了洗礼和割礼之间的两个关键区别。

婴儿洗也消除了洗礼和割礼之间的两个关键区别。首先，割礼的部分作用是将神的百姓分别为一个独特的民族实体。无论受割礼的人是否心受割礼，割礼都达到了这个目的。割礼是神按照民族、家庭、政治界限形成他旧约子民的一种方式。有时，支持婴儿洗的人倾向于强调割礼的属灵层面，以至于完全忽略了它种族性和政治性的功能。相比之下，洗礼则完全展现了另一种世系：由圣灵重生。

其次，割礼将以色列人标上"属于神"的记号。它将一个人奉献给神，引导他进入神的"圣洁"（即分别出来的国度）。因此，割礼表明神的百姓需要分别出来将他们的心和生命献给神，以符合他们约中的身份。神的百姓以色列虽已经受过割礼，但耶和华嘱咐他们要在心里受割礼（申10:16；耶4:4）。从一个人身上切除一部分的行为本身便是对他自己将遭受命运的一种警示——他若不守约，就要从民中被剪除（创17:11–14）。换句话说，割礼要求圣洁。它指出以色列人需要一个新的性情。

另一方面，洗礼则作见证，表明一个人已经重生，已经获得一个新的自我，已经被圣灵更新。洗礼表明一个人**确实**与基督联合，在他里面有新的生命。新约并没有告诉信徒："所以你们要为你们的心行洗礼，不可再硬着颈项。"（参见申10:16）相反，新约告诉信徒："记住你已受洗。不要继续在罪中活着，你已经向罪死了！你的一举一动要活出新生的样式，就是你在基督里复活的生命。"（参见罗6:1-4）洗礼指向在基督里所应许、且已在信徒的生命中得成就的新生命。割礼在地位上把人献给神，并要求人把心献给神；洗礼则宣告把心献上已在基督里成为了事实。

婴儿洗论者从割礼划一条相当直的线连到洗礼。他们主张洗礼乃是身体上的割礼在新约中的成就。但这样的直接联系是使徒保罗没有做过的。请思考一下《歌罗西书》2章11至12节：

你们在他里面，也受了不是人手所行的割礼，乃是基督使你们脱去肉体情欲的割礼。你们既受洗与他一同埋葬，也就在此与他一同复活，都因信那叫他从死里复活神的功用。

保罗说基督徒已经受了割礼。怎样受的呢？这是一个"非手所行"的割礼，也就是说，不是由任何人做的。谁给我们行了割礼呢？它发生在我们"脱去肉体情欲"、丢弃有罪的老我时。谁有如此大能做这样的事呢？当然唯有神。因此，当神亲自"割除"我们的老我，治死我们的罪性，并在耶稣里赐给我们一颗新心，一个新灵，一个新的自我时，我们基督徒就"受了割礼"。换言之，保罗是在说，所有的基督徒都已然经历内心的割礼，而这割礼是神曾对以色列所要求的，并通过先知所应许的。

这与洗礼有什么关系呢？保罗在这里说，我们在洗礼中因信与基督同埋葬、同复活。因为洗礼是信仰公开化的起点，所以保罗用洗礼作为我们整个归信经历的速写。我们是在什么时候脱去老我的？是当我们因信与基督同埋葬、同复活的时候。洗礼展现了我们因信而经历到的死与复活。

那么割礼与洗礼有什么关系呢？洗礼是心受割礼而不是肉体受割礼的新约记号。洗礼表明割礼所要求却未保证的实质如今已在信徒的生命中成就了。洗礼宣告，割礼所指向但并不具有的，现在已经实现了。割礼如何在新约中得成就？不是通过给婴儿施洗。他们还未，也可能永远不会经历到新约的实质。相反，割礼在新约中是通过洗礼所展现的心已受割礼的方式得成就的。割礼对以色列说："你们要做新人！"洗礼对众基督徒宣告："他已经是新人了！"

第六，婴儿洗使神的新约应许不再是应许。

最后，婴儿洗使神的新约应许不再是应许。主张婴儿洗的朋友喜欢引用《使徒行传》2章38至39节："因为这应许是给你们和你们的儿女。"但这里所提到的应许是什么呢？婴儿洗论者说，神既向信徒也向他们的儿女作出了新约的应许。然而，他们也承认，许多在婴儿时期受洗的人实际上并未归信基督。许多在婴儿时期领受了新约记号的人从未经历到新约的实质。那么，神的新约应许又怎样才是应许呢？

我认为，根据婴儿洗论者的做法，那应许就不是应许了。为了减轻这种压力，大多数婴儿洗论者以这样或那样的方式辩称说，有两种属新约的方式：外在的和内在的。换句话说，你可以成为新约的一员，但你的罪未得赦免、神的律法未写在你心上，你也不认识主。但正如我们已看到的，属于约和履行约之间的鸿沟正是神的新约应许所消除的。在新约中，神应许在约中的所有人都会履行约，并经历其诸般的祝福，正因他将保守他们如此行。神亲自将他的律法写在他们心上，赐给他们对他的真知识，并赦免他们的罪（耶31:31-34）。新约的关键就在于，在约中就是履行约；属新约的子民就意味着有一颗新心、一个"新我"。

婴儿洗将信徒的婴孩纳入新约，就会使神的新约应许不再是应许了。婴儿洗礼逆转了救赎历史的进程，且在新约中插入了恰恰是神已摧毁的隔断：属于约和履行约之间的区别、成为神子民的一员和真正认识神之间的区别。

婴儿洗发明了"在新约中，但不属于新约"这一类别。它使神的应许不再是应许。婴儿洗并不能保证孩子长大后会认识主。支持婴儿洗的朋友也坦承这一点。但是，神对信徒子女的"应许"到底是什么呢？不是新约的应许。如果应许可能不会成就，那就不是神的应许了。

回应来自婴儿洗论者的反对意见

婴儿洗论者肯定会对我在这里提出的观点给予若干反驳。为了使两种立场之间的对话透彻和公平，让我们来考虑其中的五个。③

第一，《使徒行传》中的全家受洗表明，神在新约中仍以家庭为单位来对待家庭。

婴儿洗论者经常提到《使徒行传》中所谓的"全家受洗"（例如，徒16:15、31-34；参见林前1:16），以证明神在新约中仍以家庭为单位来对待家庭。如果一家之主信主，

---

③　在这一部分的多处，我借鉴的是《洗礼的三种观点》第 19-50 页，布鲁斯·威尔（Bruce A.Ware）的"信徒洗礼的观点"。

全家都要受洗，那么其中肯定包括婴孩。即使那句经文不包括婴孩，也表明神的救恩是透过家庭而不是将他们排除在外，所以应该给信徒的孩子施洗。

他们的观点就是这样来的。但这段经文实际上到底在说什么呢？以下是保罗和西拉与腓立比狱卒的故事：

> 他们就把主的道讲给他和他全家的人听。当夜，就在那时候，禁卒把他们带去，洗他们的伤，他和属乎他的人立时都受了洗。于是禁卒领他们上自己家里去，给他们摆上饭。他和全家，因为信了神，都很喜乐。（徒 16:32-34）

首先请留意，保罗和西拉向家里的每个人"讲了主的道"。这户人家都到了可以与之传讲福音的年龄。这已经显明婴儿或极年幼的孩子当时并不在场。其次，狱卒"和他的全家"因为信了神都很喜乐。意为"和他的全家"的希腊文副词在这里修饰的可能是"喜乐"或"相信"，但如果从句子的意思来看，很可能兼修饰两者。狱卒的全家都与狱卒一同喜乐，因为他们和狱卒一样，听到了福音，信了，并受了洗。

这些经文绝没有把洗礼与信福音割裂成两回事。它们没有提供任何证据让我们把福音的记号延伸到那些尚未信福音的人身上。我们阅读《使徒行传》16章15节更紧凑的叙事时，应该借鉴这段较为详细的叙事。此外，如果这些经文教导我们要给一个未信基督的家庭成员施洗，那么为什么大多数的婴儿洗论者没有给初信徒尚未信主的配偶施洗呢？另一个问题是，为什么不给他们十几岁或成年的孩子施洗呢？

第二，保罗吩咐作儿女的要"在主里"顺从父母（弗6:1），而且称信主父母的儿女为"圣洁"（林前7:14）。这假定他们已经是圣约成员了。

在《以弗所书》6章1节，保罗吩咐作儿女的要"在主里"顺从父母，而在《哥林多前书》7章14节，他说信主父母的儿女是"圣洁"的，即使父母一方不是基督徒。这难道不是在表明保罗将孩童视为新约的成员吗？

让我们先看看《以弗所书》6章1节。保罗称呼这些孩子是"在主里"的，这是什么意思？我认为长老会新约学者弗兰克·蒂尔曼（Frank Thielman）提供了一个很好的答案。这个短语在整个《以弗所书》中指的是与基督联合的信徒。信徒成长为"在主里"的圣殿（2:21），以弗所的基督徒从前在黑暗中，但"在主里"成为光（5:8），诸如此类（参见4:1，4:17）。那么，保罗在此处为什么这样向孩童说话呢？

"因为他们已因信归入基督（1:13），所以他们应该顺从父母。"④

换句话说，并非保罗不管他们因信联于基督与否，都称呼他们为新约成员。相反，他是在对信主的孩童说话，并告诉他们作为信徒要顺从父母。对于基督徒未信主的儿女有否盟约中的特殊地位这一问题，他根本没有谈及。

在《哥林多前书》7章14节，保罗反驳了一个错误的观点，即一个婚后信主的人应该与其不信的配偶分开。他的理由是，"因为不信的丈夫就因着妻子成了圣洁，并且不信的妻子就因着丈夫成了圣洁。不然，你们的儿女就不洁净，但如今他们是圣洁的了。"婴儿洗论者经常从这里推断出，保罗认为只要父母一方信主，孩子就是"圣洁"的，因为他们是新约的成员，尽管他们不一定会经历到新约应许的成就。

这里首先要注意的是，经文中没有明确提到洗礼。其次，与儿女一样，保罗也将不信的配偶描述为"圣洁"。因此，在这里对婴儿洗的任何主张也必须适用于为不信的成人施洗。很少有婴儿洗论者会走到这一步，所以他们从这节经文中得出的主张无法前后一致。

---

④ Frank Thielman, *Ephesians*, BECNT (Grand Rapids: Baker, 2010), 397.

第三，在《罗马书》4章11节，保罗说亚伯拉罕受了割礼的记号，作为因信称义的印证。

在《罗马书》4章11节保罗说，亚伯拉罕"受了割礼的记号，作他未受割礼的时候因信称义的印证，叫他作一切未受割礼而信之人的父，使他们也算为义。"

保罗教导我们，对亚伯拉罕来说，割礼的记号是他受割礼前因信所得之义的印记。婴儿洗论者指出，亚伯拉罕的后裔在出生后第八天受割礼，而在分享亚伯拉罕的信和因信而得的义之前，他们就得到了这个因信而得的义的"印记"。换言之，神命令亚伯拉罕延伸割礼这一"客观"记号，而不管因信称义的主观事实是否存在。此外，婴儿洗论者认为，洗礼和割礼都表明本质上相同的现实：割礼标志着因信称义，而洗礼标志着与基督联合，而在基督里我们因信称义。因此，就像割礼一样，洗礼应该作为与基督联合的"客观"记号应用于圣约成员的子女，无论主观的信仰实质是否存在或将要存在。

但这并不是保罗在这段经文中所说的重点。保罗的观点在于义与割礼的顺序：亚伯拉罕在受割礼**之前**就已经因信称义了。《创世记》15章先于《创世记》17章。保罗指出这一点是为了强调这样一个事实：亚伯拉罕是"一切未受割礼而信之人的父。"（罗4:11）换句话说，信基督而未受割礼的外邦人，就像亚伯拉罕一样，因信被称为义。他们不需要先受割礼才能领受神在约中的祝福，因为亚伯拉罕自己在因信被称为义时是未受割礼的。

也就是说，保罗谈论的是亚伯拉罕的割礼，而不是其他任何人的割礼。保罗是在谈论神赐亚伯拉罕割礼之约以前称他为义意味着什么。保罗并没有教导说，割礼本身就是因信称义的记号；相反，他教导说，割礼的记号是**亚伯拉罕**因信称义的一个印记。神赐割礼给亚伯拉罕，以确立他在神面前已经是义的了。保罗的重点不是割礼对所有接受割礼的人来说意味着什么，而是神透过赐割礼给亚伯拉罕在向他说什么。

最后，这段经文没有提到洗礼，也没有把洗礼与割礼联系起来。它既不主张也不假定洗礼和割礼表明相同的实质，或应该以同样的方式施行。

第四，拒绝给婴儿施洗就是把孩子赶出教会。

婴儿洗论者说，神在旧约下将信徒的孩子包括在他的百姓群体中，所以拒绝给婴儿施洗就是把孩子赶出教会。但这引出了教会是什么以及神如何建立教会的问题。如果神在人们的生命中成就他的新约应许，并由此建立他的教会，那么无论我们是否给未信的儿女施洗，他们都不在教会（基督普世的身体，因信与基督联合的百姓）之中。婴儿洗论者声称不给婴儿施洗的人把本该在内的孩子排除在外，但他们做的却是把还在外面的孩子们放了进来。

当然，孩子们应该被接纳到教会生活中，即与教会一起敬拜，接受教会的教导，在教会中成长并经历更深层次的关系。浸信会信徒和婴儿洗论者同样相信，我们被呼召是要"照着主的教训和警戒养育他们"（弗6:4）。让孩子们在主里接受训练和教导，意味着以适合其年龄、成熟度和属灵光景的方式让他们深入参与教会的生活。

第五，拒绝婴儿洗就是破坏圣经和神救赎计划的统一性。

婴儿洗论者喜欢强调神救赎计划的统一性和连续性。他们喜欢突显那些把整本圣经串成一线的线索。只有一位神，对此，每个基督徒都应该说"阿们！"他有一个救赎计划。他正从各国各民呼召出一个族类。这个族类透过耶稣基督一次的献上而得救，并在他里面承受神一切的应许。

但每个基督徒总要处理神救赎计划中的不连续性。我们不再前往耶路撒冷的圣殿献祭。我们不再受摩西律法中有关礼仪的洁净、饮食的禁戒等规条的约束。每个基督徒须平衡新、旧约之间的连续性和非连续性。如果一些基督徒坚持认为信徒应该为他们的孩子行割礼以顺服摩西的律法，那么主张婴儿洗的基督徒会如何回应呢？他们会像使徒保罗一样坚持地认为，这样的信徒是在让救赎历史的时钟倒转，抹去了神在新、旧约中工作方式的不连续性。

每个人都能看到新、旧约之间的连续性和不连续性。诀窍在于如何在两者之间保持平衡。我的观点已在这一章中论述，即在新约本身强调不连续性的情况下，婴儿洗却主张连续性。给婴儿施洗就是把新约所拆毁的体系从旧约带到了新约。

并不相符

这一切意味着什么呢？简言之，婴儿洗并不是圣经所说的洗礼。圣经既无命令、也未含蓄地授权给教会为婴儿施洗。虽然"圣约婴儿洗礼"观看似合理，但它与圣经所教导的洗礼观、新约观并不相符。婴儿洗礼不是洗礼。

因此，如果你曾经在婴儿时期"受洗"，我希望你能基于圣经明白为什么那次"洗礼"根本不是真正的洗礼。我不是说婴儿洗略有缺陷，仿佛一辆汽车虽然有故障却依然能"扑哧扑哧"地向前行驶。我是在说，婴儿洗根本不是洗礼。那些在婴儿时期"受洗"的人实际上并没有真正受洗，所以他们仍然需要接受洗礼。

然而，一些认识到这一点的人仍然对受洗犹豫不决，因为他们觉得自己一旦去受洗就等于是在批评父母，或者至少，他们担心父母会这样想。诚然，我们当孝敬父母，并且温和谦卑地表达与他们在神学上的分歧。但唯有耶稣配得我们最高的顺服。如果耶稣对洗礼的理解与我们父母的不同，那么我们需要顺从的是耶稣，而不是他们。（路14:26）

第四章

为什么加入教会成员必须先要受洗？

你们中有一些人读这本书，可能是因为想加入一个教会，但要求必须先受洗。为什么教会要一个人先受洗才能成为成员呢？这种做法真的符合圣经吗？这样做难道不会把一些真基督徒排除在成员之外吗？因为并非所有的基督徒对"什么才算是洗礼"这个问题有一致的答案。

本章将通过介绍一个圣经的案例来回应所有这些问题，说明为什么成为教会成员之前必须先受洗。再次澄清一点，我所说的"洗礼"是指信徒洗礼，而不是婴儿洗。正如我们在上一章中看到的，婴儿"洗礼"根本不是洗礼。

本章也是为教会的领袖们而写的。他们最直接地影响着成为教会成员是否应当受洗。我的目标是劝你应该这样做。我将分七步论证，然后回应最强烈的反对意见。[1]

---

[1] 有关本章论点的完整版本，请参阅我的书《公开见证：为什么受过洗才能加入教会成员》。本章改写了《公开见证》第 8 章和第 9 章的部分内容，虽然这一章借鉴了整本书的内容。

为什么成为教会成员必须受洗的七个理由

没有任何佐证经文能直接明确地说明这个问题。因此，为了弄清为什么成为教会成员必须受洗，我们需要权衡并穿插大量的圣经文本。本章有时会变得有点理论化，但这里的论述只是加深并展开了我们在第一章中所探讨的洗礼定义。以下的七个因素，综合起来，一同显明圣经决定了成为教会成员必须受洗。

第一，洗礼是信仰公开化的起点。

请记住我们在第一章中对洗礼的定义：**洗礼是教会的行动：教会将信徒浸入水中，由此来确认和展现他或她与基督的联合。洗礼也是信徒的行动：信徒公开地将自己委身于基督和他的子民，借此该信徒与教会联合，并与世界分别开来。**

换句话说，洗礼是信仰公开化的起点。基督徒的生命是公开见证基督的生命（太13:1–14），而这见证始于洗礼。在五旬节，那些因彼得的讲道而归信的人从人群中出来，甘愿受洗，以此来宣告他们对生命的主和救主基督的忠诚（徒2:38–41）。在洗礼中，我们将自己基督徒的身份"大白于天下"。我们公开与被钉十架又复活的基督相认同，也与他的子民相认同。

正如我们所看到的，耶稣吩咐门徒去传福音，给他们施洗，并教训他们遵守凡主所吩咐的，使他们成为门徒（太28:19）。因此，在五旬节，彼得吩咐他的听众说："你们各人要悔改，奉耶稣基督的名受洗，叫你们的罪得赦"（徒2:38）就不足为奇了。如果你声称要跟随基督，那么这就是你必须遵从的第一条命令。信靠基督后，受洗是信心所做的第一件事。如果你还未受洗，那你就还未完成耶稣门徒任务清单上的第一项。

为什么必须受洗才能成为教会的成员呢？因为洗礼是信仰公开化的起点。这是无形的信仰变得可见的地方。这是一个新基督徒如何让自己出现在教会和世界对基督教观测雷达上的途径。这是种子，接下来的理由就是从这个种子开始的。

第二，洗礼是新约起始的盟约记号（oath-sign）。

既然洗礼是信徒委身于基督和他子民的方式，那么洗礼也是新约启动性的盟约记号。这一行为公开宣示一个人承诺信靠基督，活出新约。

正如我们在上一章所讨论的，透过他的死，耶稣开启了所应许的新约（耶31:31-34；路22:19-20；来8:1-13）。所有的盟约都是通过宣誓（oath）来确立的。它是一个庄严、自我约束的承诺。然而，宣誓并不局限在口头上，同时它也可以用行动表达出来，或以行为替代言说。神与亚伯拉罕立约时，神从被宰祭牲的两半之间穿过（创15:1–21）。这个誓约记号确立了神对亚伯拉罕的应许，并表明倘若神不信实守约，神自己将承受审判。在耶稣之死中，神的儿子确实承受了审判——但不是因为他的不忠信，而是因为我们的不忠信。当耶稣自己为我们的罪付出终极性的代价时，新约就得以确立（来9:15）。

旧约用割礼这个盟约记号来确立一个人进入约中的事实。所以新约也有一个盟约记号——实际上有两个。第一个是洗礼，它是启动性的盟约记号（initiating oath-sign）。这是一个庄严，有象征意义的宣誓，确立一个人进入了新约的事实。在洗礼中，我们呼吁神按照他的新约条款接纳我们（彼前3:21），我们也凭着恩典宣誓，履行他的新约对我们的所有吩咐（太28:19）。在洗礼中，我们承认神是我们的神，他也承认我们是他的子民。在洗礼中，我们宣誓——"你愿意接受耶稣作你的主和救主吗？""我愿意。"

因此，当教会问："谁属于新约？"答案的一部分是，"谁宣过誓？"即，谁受过洗？就像一个士兵在宣誓效忠国家之前不能拿起武器，在你宣誓进入新约之前，你不能进入新约的团契。教会是新约在地上的显现，而洗礼是个人作为新约成员显现的方式。想要成为教会成员就必须受洗，因为洗礼是新约启动性的誓约记号。

第三,洗礼是天国的护照,也是天国公民的宣誓入籍仪式。

第三,洗礼是天国的护照,也是天国公民的宣誓入籍仪式。正如我们在第一章所见,当耶稣在地上开启天国时,他建立了教会作为这个国度的大使馆。他把"天国的钥匙"交给教会,以便让教会确认那些宣信基督之人的信仰是否诚实无伪,从而在世人面前识别出天上的国民(太16:19,18:18-19)。而教会确认、接纳一个人成为国民的最初方式便是洗礼(太28:19)。洗礼就是教会在宣称"这人属于耶稣"。

洗礼是天国的护照。我们因着对国王的忠信而成为他的国民,教会则用洗礼确认并正式承认我们的国民身份。洗礼使其他的天国大使馆,即其他地方教会,也能识别我们天国子民的身份。

从另一个角度来看,洗礼是一个天国公民的宣誓入籍仪式。它是我们正式开始担任新职分(作基督和他地上国度的代表)的方式。因此,为了让教会承认某人是天国公民,该公民需要出示他或她的护照。洗礼是加入教会成为其中一员的必要条件,因为它是天国的护照,也是天国公民的宣誓入籍仪式。

第四,洗礼是教会用来识别谁是基督徒的必要标准。

加入教会为何必须受洗的第四个理由,乃是前三个理由的推论。因为洗礼是教会公开识别出(identify)某人是基督徒的方式，也是教会确认（recognize）谁是基督徒的必要标准。识别是为了确认。路易斯维尔红雀队身穿红色队服，这样，在球场上向穿着蓝色球衣的肯塔基野猫队发起进攻时，他们就可以互相确认谁是自己人。而洗礼是基督教的"球队队服"。

因此，洗礼是教会用来确认基督徒的必要标准，尽管不是充分标准。某人声称自己是基督徒，或者教会里的每个人都认为某人是基督徒是不够的，耶稣将教会的判断与洗礼绑定在了一起。耶稣赐予我们洗礼，在某种程度上是为了让我们能把彼此从世界中区分出来。洗礼公开识别出谁是基督徒，由此在教会和世界之间划清了界线。洗礼将基督徒标记并区别出来。这意味着洗礼是成为教会成员的必要条件。在一个人穿上本队球衣之前，教会根本无权承认那人是耶稣队的一员。

第五，洗礼是教会成员资格的有效记号。

第五，洗礼是教会成员资格的有效记号。这也是前三点的推论。如果洗礼是信仰公开化的起点，是新约启动性的盟约记号，是天国的护照，是成为天上国民的宣誓入籍仪式，那么洗礼便是教会成员资格有效力的记号。它创造了它所指向的关于教会的现实：一个基督徒属于一个地方教会，而这个地方教会确认一个基督徒的宣信，并将他或她与自己联合。

如果成员身份是房子，洗礼便是前门。穿过前门，你就进入了房子。因此，通常情况下，洗礼不仅仅是成为教会成员的前奏，它还授予教会成员身份。洗礼是教会成员身份的开始。对于一个新信徒来说，洗礼是加入教会的新约方式。因为洗礼是教会成员身份的有效记号，所以洗礼对于教会成员资格来说是必须的。

第六，主餐是教会成员资格的另一个有效记号。

在谈论第二个理由时，我们提到新约有两个记号。第一个记号是洗礼，它是启动性的誓约记号；第二个是主餐，它是更新性的誓约记号。当我们一起分享饼和杯时，我们就是使自己重新委身于基督和他的新约。

然而，这不是我们作为个人做的，而是作为一个教会做的事（林前11:17–18、20、33–34）。分领主餐使我们承担起对教会的责任。以藐视基督身体的方式吃喝，就会使主餐失效，并将招致神的审判（林前11:27、29）。因此，正如我们在主餐中委身于基督一样，我们也向彼此委身。在同一行动中，我们再次承认耶稣是我们的救主，我们也彼此承认是兄弟姐妹。

这意味着主餐是教会成员身份的另一个有效记号。正如保罗所说："我们虽多，仍是一个饼、一个身体，因为我们都是分受这一个饼。"（林前10:17）主餐不只展现，也确认和印证我们的合一。因为主餐使我们彼此相交，使众人同归于一。这就是为什么一个人成为教会成员首先意味着被接纳到主的餐桌，而一个人被教会惩戒则首先意味着被排除在主的餐桌之外。

受洗是加入教会的必要条件，因为只有当你完成该约启动性的誓约记号后，才能参与此约更新性的誓约记号。在你从洗礼的前门进入这所房子之前，你不能参加这个家庭的聚餐（主餐）。

第七，没有洗礼，就没有成员身份。

综上所述，我们可以得出什么结论呢？简单来说，我们不能将洗礼从教会成员身份所需的内容中删除，因为若没有洗礼，实际上就没有成员。"成员"（membership）是一个描述基督徒和教会关系的神学术语，而命礼（ordinances，即洗礼与主餐）则暗示了这种关系，也在通常情况下缔造了这种关系。这种教会成员关系在新约中是显而易见的，因为有些人是在教会"内"，而另一些人则在教会"外"（林前5:12）。

洗礼和主餐确认了这个盟约的关系，即教会成员。因此，没有洗礼就没有教会成员制。没有洗礼的成员制，就像没有誓言的婚姻。婚姻是由誓言构成的盟约关系；成员制是由洗礼和主餐的誓约记号构成的盟约关系。没有构成这种关系的誓言，你就不可能有这种关系。因此，没有洗礼，你就没有成员身份。

命礼是教会成员的有效记号，这一事实提醒我们，要把对教会成员的理解和命礼紧密地联系在一起。当我们对教会成员的概念没有与命礼紧密结合时，我们对教会成员的想法就会变得不符合圣经。在圣经中，教会成员所描述的是命礼所建立的关系。

但这不会将真基督徒排除在成员之外吗？

教会应该要求所有希望成为教会成员的人受洗——作为信徒而受洗。但这难道不意味着一些真基督徒将被排除在成员之外，特别是那些把自己婴儿时期的"洗礼"视为圣经中洗礼的人吗？

许多基督徒想当然地认为，一个教会永远不应该把确信自己是基督徒的人排除在成员之外。我认为这种观点几乎完全正确。但问题是，洗礼属于"教会如何确认某人是基督徒"的范畴。洗礼并不是在可信的信仰声明之外对教会成员的一个单独的要求；洗礼就是某人公开宣告信仰的**方式**。

因此，洗礼首先是教会如何确认谁是基督徒的一个必要但非充分的因素。一个教会的所有成员可能都相信某个未受洗者是基督徒，但耶稣已经将这间教会的判断——对成员资格正式、公开的确认——与洗礼绑定在了一起。耶稣没有授权教会确认某人的信仰，除非那信仰在洗礼中被公开宣告。

由于洗礼之所是和所为，教会根本无权将成员关系扩展到那些没有行使其有效记号的人。教会不得接纳任何未行使新约启动性盟约记号的人参与其更新性的盟约记号。否则，就是背离了耶稣自己指定的将百姓从世界中分别出来又将他们彼此联结的方式。洗礼划定了教会和世界之间的界线。我们不能随意地改变这条界线。

想象一下，你去登机，但你未把登机牌带到登机口，而是把它落在了安检处。当登机口的工作人员问你要登机牌时，会发生什么？如果你告诉他，你之前有登机牌，但已经交上去了，你不会因此被批准通行。登机口工作人员需要看到登机牌才能让你上飞机。否则他根本无权许可你进去。登机牌将你识别为该航班乘客；洗礼则将你识别为一名基督徒，因此你有资格加入一间教会。

正如十九世纪浸信会神学家约翰·达格（John Dagg）所言："由于宣信是教会成员资格所必需的，所以作为主所指定的宣信仪式的洗礼也是必需的。宣信是实质，而洗礼是形式;但基督的吩咐既要求形式,又要求实质。"[2]受婴儿洗者被拒绝入会,不是因为他们缺乏可靠宣信的实质,而是缺乏它的形式。即使基于一个复杂、被广泛接受的圣经解释,自认为已受洗也并不意味着你真的已经受洗。教会无权接纳一个未受洗者成为成员,正如登机口工作人员无权让没有登机牌的人登机一样。

将一个忠心、敬虔爱主、仅受过婴儿洗的基督徒排除在成员之外,的确令人不安。但是,修改基督所赋予洗礼的角色,使他的某个命令变得可有可无,并破坏他在教会中的权柄,应该更令人不安。允许一个基督徒——无论他或她的错误多么真诚——继续不顺服基督的吩咐,并在这种不顺服上附加教会的认可,应该是更令人不安的。而更加令人不安的是,允许福音的公开宣信被私有化。试图撇开耶稣为聚集教会的目的所设立的命礼来聚集教会,这应该是更加令人不安的。

划出界线

耶稣设立洗礼,某种程度上是为了把他的子民从世界上

---

[2]　John L. Dagg, *Manual of Church Order* (Harrisonburg, VA: Gano Books, 1990), 95.

区别出来。洗礼和主餐通过公开识别基督的子民来展现、传扬和保护福音。

洗礼展示我们向罪死，向基督里复活的新生命。它印证了我们对基督和他子民的承诺。它在教会和世界之间划出一条界线，并发出邀请："世人，看哪！看看福音的子民是怎样的！"

因为洗礼在教会和世界之间划出一道界线，它也在教会周围划出一条界线。洗礼将一人联于众人。它将一个信徒带到属神百姓在地上的公开团体中。洗礼是教会成员资格的有效记号。洗礼不仅指明进入教会的道路，并且洗礼本身就是前门。通常情况下，洗礼赋予教会成员资格。

出于所有这些原因，成为教会成员必须受洗。也许你有兴趣加入一个教会，但却被必须先受洗的要求所拦阻。如果是这样，我希望你现在已经看到，耶稣不仅要求你受洗，而且还要求他的教会来要求你受洗。如果你是教会的领袖，我希望你已经看到，你的教会应该像耶稣一样，要求那些宣称基督为救主的人受洗。

第五章

什么时候，"洗礼"不是洗礼？

　　我的小女儿非常可爱地迷恋上了恐龙。通常她早上说的第一句话就是："你想和我一起玩恐龙吗？"晚上，她有时会把一只巨大的塑料三角龙带上床。而她的床上方则挂着一张满是各种恐龙图片和名称的海报。她只有两岁半，但认识几十种恐龙。通过头冠、鳞甲或尾巴，她能把它们区分出来。如果你问她，"那是腕龙吗？"她或许会说："不对，这是一只雷龙！腕龙的脖子更长。"

　　要说出某物是什么，你必须能说出它不是什么。过去的三章我们主要关注的是洗礼是什么，现在我们来看洗礼不是什么。这样做的原因有两个方面。首先，鉴于我们前面对洗礼的定义，一些自认为受过洗的读者现在可能想知道自己是否真的受洗了。其次，尤其是对教会领袖们来说，他们需要判断一名潜在成员的"洗礼"是否真实。因此，我们将综览四种最常见的其实并非"洗礼"的情形。

如果你是在婴儿时期"受洗"的

我们在上一章看到，婴儿"洗礼"实际上并不是洗礼。无论那些施行婴儿洗的基督徒用意有多善良，无论他们的圣经依据多么精巧复杂，事实上圣经根本没有授权我们为信徒的幼年子女施洗。洗礼是一个记号，表明福音已经在一个人的生命中生效，表明一个人**的确**与基督联合了。洗礼指向一个已被成就的应许。

因此，如果你在婴儿时期"受洗"，你仍然需要接受这人生中的第一次洗礼。尽管为你"施洗"的教会有着美好的意图，但你仍然和其他已经投靠基督但尚未受洗的人处于同样的位置。

如果你被当作"信徒"受洗，但当时你并非真信徒

有些人自愿受洗，将这个行为视为对基督的宣信，但后来意识到他们在受洗时根本不是基督徒。请考虑以下情况：

> 我在 13 岁时受洗。那时，我还未真正与主同行。那是在一次青年圣经课上讨论洗礼这个话题的结果。课后我们被问到是否愿意接受洗礼。考虑到班上大多数人都愿意受洗，我也决定受洗。记得那

时我甚至尴尬到不敢告诉我的学校朋友，更别说请他们来观礼了。

在我 20 岁时，主真的在我的生命中动工。那时他真的开了我的眼，让我看到了跟随耶稣意味着什么。理想情况下，我应当在那时受洗，但显然我已经受洗了。如果你觉得有必要，我很想听听你对于第二次受洗的看法。[1]

所以为了方便起见，让我们假设此人是一个男子。他如今发觉自已当年受洗时并非基督徒。它发生在"我真正与主同行之前"。他受洗的动机是从众的："班上大多数人都愿意。"他没有把受洗当作一个在所有想要了解的人面前公开向基督宣誓的机会，而是尽可能地保持沉默，没有告诉任何学校里的朋友。从他的叙述中，我们听到他对"跟随耶稣作他的门徒"有了真正的认识，并在几年后真正信靠耶稣。

那么，此人是否应该受人生中的第二次洗礼呢？不，当然不。他应该受洗，并且应该是他有生以来的第一次洗礼。一旦他受洗，他就受洗了。但如果你在"受洗"时不是基督

---

[1] 参见我写的《你问：我应该"重新受洗"吗？——信而受洗立场的回答》一文，https://www.thegospelcoalition.org/article/you-asked-should-i-get-re-baptized-credobaptist-answer/

徒——如果就你所知，你的"洗礼"不是对基督真诚信靠、降服的宣告和誓言——那么你原先的那次"洗礼"就不是洗礼。如果以上描述了你的情况，你就需要受洗。

但我们还需要讨论另一种情况。试想这位年轻女子（虽为虚构，但很常见）的故事：

> 我成长于一个基督徒家庭。我的父母教导我福音。在我六岁那年，我在父亲的带领下祷告接受了基督。我还记得当时感觉被定罪、自知有罪的经历，认识到耶稣为救我死在十字架上。几个月后，我受洗了。从那时起，我一直认为自己是基督徒，我知道这意味着信靠耶稣并按他的话语而活。

> 但在我十几岁时，我经历了一段怀疑期。我开始对圣经是否真实产生了疑问，而且我并不总是喜欢它所说的内容。我祷告时并不总感到神在那里。我没有经历任何巨大的反叛，但有时我的生活看起来更像我的非基督徒朋友，而不是基督徒应该活出的样子。有时我在学校的考试中作弊，有几次我向父母撒谎说我晚上要去哪里，这样他们就不会知道我在外面跟朋友喝酒了。

> 现在我二十岁了，我不太确定我是什么时候成

为基督徒的。在过去的几年里，我觉得我的信仰真
的活了过来，我的灵性比之前的十年成长得更多。
既然我在受洗时不确定自己是不是基督徒，我现在
是否应该受洗，好确定一下？

这种情况比刚才的复杂得多。一方面，这位年轻女子听
到福音并显然是相信了，因而她以受洗作为回应。她的生命
初期似乎结出了一些圣灵的果子。但我们该如何来看待她的
青少年时期？她在那些年没有停止称自己为基督徒，但她真
的像基督徒一样生活吗？现在她更加成熟了，想到自己好坏
参半的历史记录，很难认为年轻时的自己真信了基督。那她
应该怎么做呢？

我认为，只有一个曾经受过洗的人坚信自己当时不是
基督徒，才应该"重新受洗"，以此宣告对基督的信心。
归根结底，这是一个在敬虔的教会带领的帮助下，必须由
一个人自己做出的判断。洗礼应一次完成，不可仅因为怀
疑而重洗。

在这个案例中，这位年轻女子似乎在早年就真正理解、
接受了福音。即使在她混杂的青少年时期，她也从未自暴自
弃地过着以不悔改的罪为特征的生活，而且她从未放弃对基
督的信仰。现在回过头来看，我们很容易把孩子般的信心误

认为根本没有信心，并把一个成年人圣灵果子的标准强加给一个孩子或青少年。如果她在某个时候否认了信仰，或沉浸在严重的、公开的、不悔改的罪中，那么这个话题就不一样了。以现在的情况来看，我认为她很可能应该把她早年（受洗时）的宣信视为是真诚的；但同样，这也必须是她自己做出的判断。我认为，当且仅当她确信自己受洗时不是基督徒时，她才应当寻求洗礼，而教会也应当给她施洗。

如果给你施洗的教会否认福音

洗礼是福音的寓意画。它戏剧性地描绘了基督寻见罪人，并释放了他这样一个好消息的画面。受洗是与耶稣和他的救赎工作相认同。因此，洗礼取决于福音：没有福音，就没有洗礼。

如果基督徒个人仅因为其基督徒的身份而被授权可为他人施洗，那就无需将教会考虑进来了。但既然耶稣已授权教会作为天国在地上的代表来发布正式的宣告，那么在正常的情况下，唯有教会才有权施洗。而且，唯有一群坚信、宣扬福音的信徒团体才有权自称是教会。

有时，自称基督徒的集会自认为是"教会"，却偏离福音真理到一个地步，以至于实质上否认了福音真理。例如，如果一个教会教导说，耶稣的死仅是神对人类渴望之爱的彰显，或教导说耶稣的复活不是身体上的，而只是信徒心中的精神记忆，那么这个教会就用虚假福音代替了福音真理。正如保罗所言，除使徒所传的真福音外，别无福音。（加1:6–7）

有些教会因着他们对洗礼本身的信仰，却在事实上否认了福音。例如，倘若一个教会视洗礼为拯救，认为洗礼本身有赦罪、使人重生的功效，那么该教会实际上已经把洗礼放在了福音的位置上。洗礼和福音本就不可分割：凡信福音的人被吩咐受洗，而洗礼则见证、传扬福音。但洗礼本身不应被认定为是福音或福音的一部分。

一个实际上否认福音的教会根本就不是教会，这意味着他们没有得到耶稣的授权，不能奉耶稣的名给人施洗。因此，否认福音的教会所施行的"洗礼"实际上并不是洗礼。

如果这让你想到了什么，如果有迹象表明之前为你施洗的教会就是上述案例所描述的，你又如何断定呢？我鼓励你询问你目前参加的教会的带领，让他们来帮助你解决你的疑问。

要明确一点：没有教会在所有教义上都毫无瑕疵，也没有传道人是毫无差错的。我并不是说，只有在教会的教义百分百纯正的情况下，洗礼才有效。我也不是说，倘若一位牧师未忠于他所宣讲的福音，他所施行的洗礼就无效。相反，我的意思是，赋予教会施洗和受洗权柄的，正是那最初使教会诞生的福音。我在意的不是施洗者，而是授权施洗的教会。一个教会若要施洗，就必须坚信、宣讲基于圣经的福音。

如果洗礼与教会无关

我们要考虑的最后一种情况是最难确定的：与教会无关的洗礼。让我们从两个极端的情况出发。第一种情况是，一家宣讲福音的教会的牧师为你施洗。那当然没问题。另一种情况则需要改编一下第一章提到的把人按进水里的情节。你正在一个朋友家后院的游泳池里参加他举办的夏日休闲聚会。你朋友和你都是信徒。事实上，你的朋友在几周前刚刚带领你信了基督。

他说："嘿，你还没有受洗，是吗？"

"没呢，我想我应该受洗。"

"要不就现在？我可以为你施洗。"

"哦，好吧。"

如果就在这时，你的朋友把你浸在水里，并说："我奉父、子、圣灵的名给你施洗。"与第一章里把人按进水里的情形不同，此刻你是心甘情愿的。你的确最近信了主。你的朋友也知道你已经信主，因为就是他给你传的福音。但是，只要满足这些条件，此种情况就可以算作洗礼了吗？

我认为，在大多数情况下，答案是否定的。请记住，在洗礼中，一个人把自己交托给基督和他的百姓，而教会则确认信徒的宣信。但你的朋友并不能代表教会行事。当你的朋友把你浸到水里，教会并未奉耶稣的名对你说话。这便是问题的关键，一旦缺少这部分，此种情况就不能算为洗礼。

然而，我说的是"在大多数情况下"。如果你在一个教会还未建立的地方，因为那里还没有基督徒，我会认为任何信福音的人都有施洗的权柄。如果那里还没有地方教会，那么每个基督徒都携带着教会的种子——这种子就是福音，是借由宣讲来播撒的。我们将在下一章中详细讨论这一点。就目前而言，我的观点是，在教会未建立的地方，任何传福音者可以也应该为那些回应福音的人施洗。

但在刚才将人浸入泳池水中的故事里，情况并非如此。那儿周围有很多教会。你的朋友恰好是其中一个的成员。因此，他不应该把对你门徒身份的监督权掌握在自己手里，而应该把你交托给教会。当你归信基督时，他应该说："太好了，现在让我把你介绍给基督的百姓。在我们的城市中还有其他一些忠心的教会，但这是我所委身的教会。让我们去和教会的牧师们谈谈你受洗加入教会的事宜吧。"

我重申，在一个地方教会已被建立的地区，与教会没有任何关联的洗礼不是洗礼。请记住，洗礼非一方而是双方——施洗的一方和受洗的一方——的宣告。既然这里有一个教会，但这个教会并未代表耶稣作出宣告，那么这种把人浸到水里的行为就根本不算是洗礼。唯独教会被授权能够要求天国公民宣誓入籍。唯独教会被授权施行这个新约的启动性誓约记号。唯独教会有权柄说："大家来看，这个人属于耶稣。"

洗礼应当与地方教会有关联，这是什么意思呢？我们将在下一章中详细探讨这一点。但先说明一点，我认为这里的确存在着很大的灵活性。我不认为圣经要求施洗者必须为牧师，尽管我认为这样做通常是明智的。我不认为圣经规定洗礼必须在整个教会的聚会中进行。但我还是认为这样做是明智的，而且最符合洗礼的作用——使人委身教会以及教会对此人宣信的确认。因此，如果洗礼不必然由牧师在教会聚会中进行，那就为洗礼的正当实施留下了相当大的灵活度。

尽管如此，我想说的是，在有教会的地方，洗礼因在某种程度上与教会有关联而有效，和洗礼因与教会无关而无效，这两者之间有一条界线。在有些情况中，这条界线很清楚。但并非全部。例如，我的一位好友就真在泳池里接受了一位朋友给他施洗。他们一起参加了一个基督教营会，很多人都受了洗。这是有效的洗礼吗？我不确定。如果我没记错的话，那场营会受到了一间地方教会的某种监督，但我不知道教会是否以及在多大程度上参与了那场营会洗礼。这个案例似乎模棱两可，很难被界定。鉴于这个案例中的洗礼发生在公开而非私人的场合，且由于它与教会有一些尽管比较遥远的关联，我最后还是倾向于对它作出无罪推定。但情况依旧很不明了。我很容易想象到，有教会可能会得出相反的结论。

归根结底，这些都是地方教会在评估洗礼候选人时需要做出的种种判断。一方面，我们不希望制定比圣经更严格的标准。另一方面，我们也不想让洗礼变得私人化而与教会割裂开来，从而剥夺了此命礼标记门徒、划定界线、形成教会的功能。这需要智慧和基于圣经的洞见。

这也需要基督徒个人具备洞察力和判断力。如果你最近刚信主，或带领别人刚信主，请确保你门训的第一站是教会。教会是耶稣所设立代表他行事和说话的身体，在地上代表他的天国。教会是门徒们一起长成满有基督身量的地方。（弗 4:11–16）一个新基督徒领受这一职分的第一天应该去哪里？地方教会。

下一个也是最后一个要点

本章重点讨论了洗礼不是什么，以便更清楚地说明它是什么。如果你的经历符合我们在本章中所讨论的任何一种情况，那么我希望你能更清楚地认识到，你要么已经履行了耶稣关于受洗的命令，要么你还没有，那么你需要受洗。如果你是一名教会带领，对于什么样的洗礼你们教会会承认，什么样的洗礼你们教会不会承认，我希望你已经制订出了一些更为清晰的区分。

当然，教会不只是承认洗礼，教会也给人施洗。因此，在我们的下一章，也是最后一章，我们要讨论的问题是："教会应该如何施行洗礼？"

第六章

教会应该如何施行洗礼？

对于大多数基督徒来说，和洗礼有关的主要事情就是受洗。当然，我们应该思想我们所受过的洗礼，以提醒我们自己已经与基督联合的事实，而且如今既被赋予活出新生命的能力，又被命令要活出新的生命（罗6:1-4）。而当我们得着机会，就应该鼓励和规劝其他未受洗的基督徒也要如此行。但就你自己对耶稣的顺服而言，你要做的便是受洗，仅此而已。

对教会领袖而言，情况就大不一样了。大多数传讲福音的教会定期会给新信徒施洗，而施洗的事情通常交由教会领袖们来做。但洗礼在实际施行中就会引出一系列问题：需要用多少水？浇或洒和浸一样好吗？该由谁来施洗？洗礼与教会成员制有什么联系？教会应该在何时何地施洗？一个人应该在信主后多久受洗？

本章将按照我刚刚列出的顺序来一一处理这些问题。简言之，我们将仔细思考洗礼的形式、施洗者、结果、场合和时机。

我希望即使你不是教会的领袖，也能领略到这些问题的重要性。如果你还未受洗，本章可以帮助你理清如何以及在哪里寻求洗礼。如果你已受洗，本章可以帮助你以符合圣经的方式帮助他人接受洗礼。

最后，我还想对那些正在或有朝一日可能成为在未建立教会之地传福音的宣教士朋友们说几句。由于我在本章中的建议是以教会已然建立为前提的，所以它并不适用于在一个福音初及之地进行的第一批洗礼。然而，你若遵行大使命，教导耶稣的门徒遵守他所吩咐的一切，那么你从一开始就会教导所有的归信者，包括宣教禾场最初的归信者，让他们知道跟随耶稣就意味着建立一个(地方)教会。耶稣说："因为无论在哪里，有两三个人奉我的名聚会，那里就有我在他们中间。"（太18:20）这意味着，一旦有了一个以上的新信徒，你就具备了建立一个教会的条件，你就应该带领这些信徒建立一个教会。几乎在这些新信徒一归信基督后，他们就应该作为一个教会参与监督新信徒的洗礼。因此，这一章对宣教士和教会带领同样重要。

形式

教会需要多少水来施洗？他们应该建造或借用足够大的

空间可使人浸入其中，还是有一个洗礼盆或大水壶就够了？

在第一章中，我们谈到在希腊语中"洗礼"的意思是投入或浸没在水面下。约翰在哀嫩给人施洗，因为那里水多（约3:23），埃塞俄比亚太监见路边有池塘就要求受洗（徒8:36）。在这次洗礼中，埃塞俄比亚太监和腓力"下"到水中，然后从水里"上来"（徒8:38-39）。从理论上讲，他们可能进入水中，然后腓力用手掬水倒在他的伙伴身上，但这是极不可能的。因为这并不能解释为什么太监恰恰是在看到大片水域时而提出了受洗请求。而且，如果没有必要完全浸没，为什么两个人还要大费周章地脱掉或弄湿衣服呢？

此外，浸没最能体现出与基督同埋和同复活的象征意义。在《罗马书》6章1至4节和《歌罗西书》2章11至12节中，保罗理所当然地认为洗礼意味着在众人面前表明在基督的受死、埋葬和复活上与他联合。最合理的推论是，他的读者回忆起的不是他们被点水或洒水的时刻，而是他们被浸到水下并从水中拉上来的时刻。

因此，我认为圣经将浸没作为洗礼的规范性模式。这不仅仅是早期基督徒所做的事情，以至于我们可以随意丢弃。相反，洗礼的形式与仪式的象征意义息息相关，所以教会应该采取一切必要的措施，以浸礼的方式给信徒施洗。

施洗者

我们再来谈一谈该由谁来施洗的问题。如果洗礼是教会的行为，那么施洗者应该得到教会的授权。施洗者应该代表教会，而非由施洗者本人倡议，也非凭他一己之意行事。

教会作为一个整体来行使国度钥匙的权柄和责任（太16:19，18:19），但只由一个人施洗。然而，洗礼是使用天国钥匙的一种方式。这是一个教会对某人宣称跟随基督的正式确认。在洗礼中，教会代表耶稣作出宣告；同样，施洗者要代表教会作出宣告。

牧师在圣经中也被称为"长老"或"监督"（例如，提前3:1，5:17）。教会任命他们来教导教会、带领教会。他们被教会认可，行使对教会的监督权。他们教导圣言，劝勉教会遵行圣言，作顺服圣言的榜样，并按照圣言指导教会生活。因此，我建议，圣经虽未要求洗礼必须由牧师施行，但通常应该由牧师来施行。牧师或长老是那些在教导圣言时已经代表教会行事的人，而洗礼是一种公开回应圣言的仪式，以肉眼可见的方式宣告圣言。我认为这并非意味着只有"主任牧师"应该施洗；相反，我认为每个牧师或长老都有权施洗。

正如我所说，我不认为让牧师施洗是绝对的要求。但如果一个教会倾向于授权其他人施洗，我认为他们应该仔细考虑这个人是谁、为什么，以及如何施洗的问题。例如，如果一个教会经常允许父亲给自己的孩子施洗，这可能会微妙地传递一个误导性的信息，即洗礼是家庭的条例，而不是教会的条例。

但这里最重要的一点是，洗礼是教会的行为，而不是一个基督徒个人的行为。这意味着施洗者必须得到教会的授权。基督徒个人并不因为自己是基督徒就有权柄施洗。

正如我在上一章所说，在教会尚未建立之地，情况是不同的。如果你是一个城市里唯一的基督徒，你就是那个城市的教会。因此，这并不是说你是在没有教会授权的情况下擅自行动。相反，你携带并满怀希望地播撒教会的种子——福音。当福音的种子在信心和悔改中结出果实，你就应该在洗礼中确认这种回应。一旦有两三个人能够奉耶稣的名聚集，你就应该教导新教会洗礼是最终由他们来负责施行和监督的。而你应该在他们的监督下代表他们施行此后的洗礼。

结果

洗礼是教会的行为；教会将信徒浸入水中，由此来确认和展现他或她与基督的联合。洗礼也是信徒的行为；信徒公开地将自己委身于基督和他的子民，由此使信徒与教会联合，并将他或她与世界分别开来。在洗礼中，一个信徒对神的子民做出承诺，神的子民对这个信徒做出承诺。因此，在教会已然建立的地方，洗礼应该授予其教会成员身份。施行洗礼的教会应该借此让这个新信徒加入他们的行列。洗礼不仅仅是教会成员身份的先决条件，而且洗礼在通常情况下也启动了教会成员身份。教会成员身份是房子，洗礼则是前门。

据我所知，唯一合理的例外是，一个新信徒立即搬到了一个据任何人所知不存在教会的地区。例如，一个在海军服役的刚信主的基督徒，可能要在船上度过一年。或是一名在跨国企业工作的人可能会搬到中东，但他们不知道要去的城市是否有教会。这种情况并不理想，但有时却无法避免。这些新信徒发现自己处于埃塞俄比亚太监般的境地。因此，在这些特殊的情况中，教会应该为他们施洗，为他们祷告，为他们送行，并鼓励他们在海外逗留期间尽力寻找任何基督徒的团契。我们已探讨过拓荒禾场宣教士的处境。某地区的第一个新信徒是无法在受洗后就归入一个教会的，但只要再有一两个人受洗，他们就应当建立一个教会。

在其他情况下，洗礼和教会成员身份应该是不可分割的。凡不打算以顺服基督教会的方式顺服耶稣权柄的，就不应该受洗。护照对公民身份的确认是与公民的责任紧密相联的。对于一个新信徒来说，洗礼应该是一个人加入教会的方式和时刻。如果你的教会有诸如课程、面谈和会众投票的成员加入程序，那么这位新信徒应当在受洗之前就完成这些步骤。教会应该明白，成员身份是在洗礼**中**被授予的。

此外，教会不应该在入会和洗礼之间插入一段等待期。有些人这样做的意图可能是想强调洗礼。他们将洗礼与入会分开，试图引起更多对洗礼的关注。但合乎圣经的方式乃是让洗礼成为进入教会的通道，从而成为进入基督徒生活的入口。然而，有些人可能会在洗礼和成员身份之间插入一个滞后期，理由是成员身份伴随着严肃的责任，也许一个新信徒还未准备好承担这些责任。这样做的问题是，神不仅要求每一个基督徒进到身体（即教会），其实也赋予了他们得以在身体中的能力。所以，如果你愿意确认某个人是基督徒，就没有理由将他排除在身体之外。这是他唯一能茁壮成长、承担责任、结出丰盛果实的地方。如果你对一个人是否有意愿或能力进入身体生活感到犹豫，也许这种犹豫应该支持你重新考虑通过洗礼确认他宣信的时机是否成熟。

在通常情况下，洗礼和教会成员身份应当是不可分割的。神学上，洗礼赋予教会成员身份。因此，你不应该在未把人带入教会的情况下就给他们施洗，你也应该将成员身份授予所有你施洗的人。新信徒的成员身份应以受洗为条件，并应在受洗时生效。

场合

教会应该在哪里给人施洗？一定要在教堂建筑中，或至少在主日礼拜中举行洗礼吗？不一定。在或不在正常"主日礼拜仪式"中进行洗礼，似乎都被圣经所允许——新约仅有的几处施洗的例子都是在主日礼拜仪式之外。但我们还需要多说一些。

洗礼是信仰的公开告白，而这种告白所面向的首要公众就是教会。此外，由于洗礼是整个教会确认信徒的宣信并欢迎他或她加入他们行列的行为，所以我认为教会通常应该在全体会众聚集的场合给人施洗。无论那样的聚集是在教堂建筑里还是在河边，都无关紧要。关键是，一个教会施行洗礼应该强调而不是模糊这样一个事实——在洗礼中，教会全体代表神向这个人说话，而此人则向神和教会全体说话。在教会全体的聚会中施洗会让这一信息得到彰显；而在一个部分会众的聚会中施洗就会削弱这一信息。

再回到在拓荒禾场的宣教士的情况，我认为除了施洗者，"公众"对于这个仪式来说并非绝对必要，因为施洗者本身就见证了这次信仰的公开宣告。然而，应当只有在其他见证人无法到场的情况下，这种"一个观众"的洗礼才是合宜的。通常情况下，洗礼应当由整个教会来举办和庆祝，因为它是整个教会的行为。

时机

最后，教会应该多快地为新信徒施洗？新信徒应该立即受洗，还是需要有一个等待期？

当然，我们在新约中看到的所有洗礼的例子都是在有人信主后立即发生的（例如，参见徒2:38-41，10:47-48，16:14-15、30-34，19:1-5）。由于洗礼是信仰公开化的起点，因此它应该尽可能与一个人的归信紧密地联系在一起。因此，一方面，我认为教会不应该在洗礼前插入一段等待期，用以在洗礼前测试某人的信心结出的果实，或教导他基督教信仰和实践的基本知识。

但如果洗礼授予教会成员身份，我们是否应该因为成员加入的程序导致洗礼耽延几周甚至几个月而烦恼呢？这不就与圣经的模式相悖，耽延洗礼了吗？并非如此。成员加入的程序并不等同于观察期或实习期。相反，它只是确保预备受洗者知道他要加入以及面临的是什么，教会也能更好地了解他。

在五旬节，一个人非常清楚他要加入以及面临的是什么：他将要面对犹太领袖的敌对，他将要在这群受逼迫的弥赛亚追随者中开始全新的生活。如今的情况则不总是那么明朗。有些自称为基督徒的人认为，成为基督徒与顺服耶稣的统治无关，也与地方教会无关。教会需要确保受洗者知道，基督徒的生活与顺服耶稣的统治息息相关，也与教会息息相关。教会成员加入程序中所涉及的教导和评估，只是清晰地阐明了在洗礼中利害攸关的是什么。这就确保了那些在洗礼中许下承诺的，无论是教会还是这个新信徒，都知道他们承诺的内容和对象。要求预备受洗者完成教会成员加入程序的做法，有助于确保洗礼确实在教会和世界之间划出一条界线，确实使信徒委身于基督和他的子民，确实实现了耶稣通过与他的子民相认同来把他们从世人中分别出来的意图。

因此，明确地说，我认为在基督教化的西方世界的教会，尤其是美国"圣经地带"残存的各教会，不应该举行任何人都可以走到台前，无须作为成员委身地方教会，当场即可接受洗礼的仪式。这种宣誓归主的方式不仅算不上公开，而且可以说是相当匿名的，因为他们允许受洗者"轻轻地我走了，正如我轻轻地来"，随后便消失在人群中。

假如你生活在一个穆斯林国家，受洗就意味着与家人断绝关系,那么情况就会明朗得多。但特别是对于我们这些在美国的人来说,最明智的做法就是提前确保信徒知道他或她要加入和面临的是什么。教会需要确保那些受洗者加入的是教会,是在主基督的统治下生活。

重要性

在这本小书中,我们从基于圣经的洗礼观开始谈起,最后详细地谈论了洗礼的具体内容。通过这一切,我们思考了洗礼中的人、事、时间、地点,尤其是洗礼的目的。如果你已经信主,而你对洗礼的疑问使你对受洗犹豫不决,我希望这本书已经澄清了这些问题,并为你扫清了道路,使你可以顺服耶稣的吩咐,公开地将自己委身于他和他的子民。如果你是一位教会领袖,我盼望这本书能帮助你认识洗礼,教导洗礼,并带领你的教会践行洗礼。

洗礼的重要性何在?洗礼给神的子民印上了福音的记号。它要求信徒公开地委身于基督,使他或她走在一条毕生公开见证神在福音中的恩典的道路中。它印证了信徒对基督子民的委身,使他置身于基督身体的团契中。它代表基督向信徒宣告教会对他或她的肯定和接纳。这就是为什么耶稣要吩咐他的门徒施洗和受洗。

洗礼展现和传扬福音。洗礼在福音子民（即那些认罪悔改信靠基督的人）的周围明确地标示、划出一条线。洗礼很重要，因为它如此生动地表明了福音。

经文索引